Für Marlene und Ida

Helga Stützenberger

Urlaub auf Balkanien

———— ✦ ————

**Mit unserem Wohnwagen
von Markdorf nach Albanien**

Herstellung und Verlag:
BoD - Books on Demand, Norderstedt
ISBN 978-3-7392-1694-2

Inhaltsverzeichnis

Vorwort

Balkanien. Von jedem Rechtschreibprogramm korrigiert, von jedem Eingeweihten skeptisch zensiert. „Wie kann man nur in Zeiten wie diesen so eine Reise antreten! Dazu noch mit den Kindern. Obendrein mit diesem alten Wohnwagen. Vom Auto ganz zu schweigen. Wisst ihr eigentlich schon, wie ihr wieder zurück kommen wollt? Wenn überhaupt ..."

Ob es die besten Zeiten waren, um einen Aufbruch zu wagen in ein Land, das selbst im Aufbruch ist, kann ich nicht sagen. Für uns waren sie es. Aber sind nicht die Zeiten immer nur so gut, wie das, was man aus den Teilstücken, den durchlebten Sekunden, Minuten, Stunden, Tagen macht und auf was man sich einfach mal einlässt, indem man seine Routinen im etymologischen Sinne verlässt? Allzeit kontrollierbar soll unser Leben sein und steuerbar so eine Reise. Nichts, als vermeintliche Sicherheit in meinen Augen.

Aufgrund der Tatsache, dass das Reiseziel „Albanien" die meisten unserer Freunde abgeschreckt hat und in Sorge erstarren ließ, entstand die Idee zu diesem „Reisetagebuch" in Blogform. Wenig webaffin wusste ich bis im Juli noch nicht einmal, was so ein „Blog" überhaupt sein soll. „Hab ich auch, 100 Blatt A5, kariert und gelocht", war bis dahin meine Antwort auf die Frage nach solcher Art Mitteilungs-Blattform.

Jetzt bin ich klüger und um einiges an Erfahrung reicher. Auch was das „Bloggen" anbelangt. Entstanden sind daraus Einblicke und kurze Episoden, über die ich en passant einfach so gestolpert bin. Nichts ist frei erfunden, nichts beigefügt. Und wenn es Vergleiche und Ähnlichkeiten mit reellen Personen gibt, dann ist das noch nicht einmal Absicht, sondern liegt einfach in der Natur der Sache. Weil es sich weder um Fiktion noch um einen Roman handelt. Und weil diese Personen irgendwo und irgendwann mein Leben gekreuzt haben.

Nichtsdestotrotz ist es immer noch das Leben selbst, das die besten Geschichten schreibt. Authentisch und ungekünstelt. Um an diese Top-Storys allerdings zu gelangen, bedarf es einiges an Unbedarftheit. Denn man muss sich darauf einlassen. Und so habe ich festgestellt, wie ich auf die Menschen zu gehe, so reagieren sie auf mich. Herzlich, neugierig und mit einer Aufgeschlossenheit, wie sie aus mir selber spricht.

Sorgen haben wir natürlich unserem Freundes- und Familienkreis bereitet, und Entsetzen stand buchstäblich in manchem Gesicht geschrieben. „Wenn ich drei Tage lang nichts von euch höre, schalte ich Interpol ein", war die Androhung meiner Freundin Anneka.

Unsere Nachbarn Sabine und Andreas gingen das wesentlich pragmatischer an und entwickelten mit ihrem „Notfall-Büchle für Albanien-Reisen" ein ausgeklügeltes System zum Überleben. Nicht nur, dass darin die Grundlagen der zwischenmenschlichen Verständigung zu finden waren, sondern viel mehr noch eine Anzahl an Formeln, die aus der größten Not helfen sollten. „Me ne asgje nuk ka per te marr!" bedeutet etwa so viel, wie: „Bei uns gibt's nichts zu holen!" Oder „Nje veshke te re ju lutem!" Was mit „Eine neue Niere, bitte!" als dringender Appell an den örtlichen Notdienst zu verstehen ist. Ob das der virtuelle Übersetzer bei Google alles richtig verstanden hat, ist eine andere Frage.

Jedenfalls wurden wir von so vielen Seiten um regelmäßige Rückmeldung gebeten, dass meines Erachtens so ein „Internet-Buch" das einzige Medium war, um nicht pausenlos per Whats App und SMS die Außenwelt auf dem Laufenden zu halten, was unser Leben im sogenannten „Krisengebiet" anging.

Dass die Ressonanz auf diesen Online-Reisebericht so enorm war, damit habe ich nicht gerechnet. „Kann ich das irgendwie ausdrucken?" und „ist das dauerhaft abgespeichert oder geht das irgendwann verloren?", waren nur einige Fragen nach einem habhaften Handout.

Da auch mir solche Dinge, wie Clouds im Cyberspace und Virtual Reality nicht ganz geheuer sind, war mein Anliegen ganz profaner bibliografischer Art. Und was liegt da näher, als das gute alte Buch? Gerade mir als Schriftsetzerin und Kommunikationsdesignerin liegt dieses handwerklich historisch relevante Druckerzeugnis besonders am Herzen. Auch wenn selbiges Libre impressio längst tot gesagt ist, scheint es für mein Dafürhalten aktueller, denn je. Anders als ein Blog, funktioniert es jederzeit auch ohne Internetverbindung, man findet sich dank Inhaltsverzeichnis und einer klassischen Paginierung unmittelbar zurecht; und nicht zuletzt ist es immer noch die Haptik von Papier, die jedem Bit und jedem Byte um Haderlängen voraus ist. Begreifbar eben.

In diesem Sinne sollen all diese unbegreiflich schönen Eindrücke nicht nur auf dem Papier, sondern vor allem in den Händen aller Neugieriger und Weltoffener festgehalten werden.

Viel Spaß auf Balkanien!

Camping auf albanisch

Blauäugig. Unvernünftig. Riskant. Gefährlich. Ja, sogar lebensgefährlich sei unsere Reise, die wir nun morgen antreten wollen und werden. Jawoll: werden! Und allen Unkenrufen zum Trotz hoffen wir, dass manches anders kommt, als heraufbeschworen und vieles ganz überraschende Wendungen nimmt. Kleine wie mittelgroße Katastrophen dabei ins Kalkül gezogen.

Was „Camping auf albanisch" heißt, da lassen wir uns ebenso überraschen. Auf die eine oder andere Misere sind wir vorbereitet: Ersatzbatterie im Wohnwagen, falls kein Strom; ausreichend Chemie für's Campingklo, falls desaströse sanitäre Verhältnisse; Solardusche, falls kein Warmwasser. Oder einfach Bikini (oder kein Bikini), denn ein Bach tut's auch mal. Manchmal auch ein Busch. Und einfach mal keine Butter auf's Brot, wenn der Kühlschrank versagt. Wir sind für alles offen und für (fast) alles gewappnet. Mal gespannt, ob wir auf unserer Reise nach Albanien über's Allgäu hinaus kommen. Aber wenn, dann rechnen wir mit allem. Herzliche Begegnungen mit einbezogen, grandiose Landschaften gewiss, Abenteuerfaktor erwünscht, und was ich aus einem jüngst zurückliegenden Telefonat mit einem „Markdorfer Kosovo-Albaner" herausgehört habe: Gastfreundschaft garantiert.

Es kann also losgehen! Mirupafschim!

Aller Anfang ist schwer

---❦---

Was sich tagsüber schon zuhause abgezeichnet hat, entlädt sich abends am Ammersee auf der Rückbank in fäusteringenden Gefechten. Die Kinder streiten wie die Bürstenbinder. Stimmung am Tiefpunkt. Umdrehen? Kommt nicht in Frage! Nach außerplanmäßig einberaumter Familienkonferenz kurz nach München Weiterfahrt avisiert und schließlich ohne weitere Vorkommnisse unser erstes Etappenziel, den Caravanstellplatz Lungau auf der Autobahnraststätte Lanschütz um zirka 23 Uhr erreicht. (Danke Frank, das war ein super Tipp!) Lange nicht mehr so gut geschlafen – trotz Autobahnlärm – denn die Nacht war kühl und der Himmel sternschnuppenfällig.

Das war erst mal die letzte kühle Nacht …

Erhöhte Temperatur

Camp Kozica, Kvarner Bucht, 7 Uhr morgens (länger lässt sich's hier nicht schlafen!), 26,5 Grad Celsius auf dem Thermometer. Wohlgemerkt im Kühlschrank! Die Lufttemperatur etwas höher und bis zum Nachmittag die 40 touchieren. Bereits jetzt hat der Kühlschrank den Geist aufgegeben!

Warum? Erstens, weil der Wohnwagen schräg steht und zweitens grenzte das rein physikalisch (oder wie auch immer) bei diesem Mini-Gerät und diesen Maxi-Temperaturen beinahe an ein Wunder, wenn da noch was nach unten ginge. Also zerflossene Butter futsch, schmelzenden Käse weg, flockige Milch in den Abguss, Kräuterbaguette an die Nachbarn verschenkt (denn holzkohlegrillen ist erst mal aufgrund erhöhter Waldbrandgefahr strengstens verboten und unser Gasgrill in den Tiefen des Wohnwagens versenkt). Ab jetzt leben wir spartanisch. Oder eben ökonomisch. Es gibt, was es gibt, und das frisch und ohne Butter.

Einmal noch schwimmen und springen von den Klippen ins glasklare, kühlschrankwarme Wasser, und es geht weiter.

Und er funktioniert doch!

———— ❧ ————

Nach einer entspannten Fahrt über Kroatiens Autobahn und dem gefassten Beschluss, bei dieser Hitze nicht weitere 600 Kilometer runterzureissen, sei das nächste Ziel der Krka-Nationalpark auf halber Strecke. Was somit Plan B zu einem absoluten AAA-Ziel macht!

Da ließe sich jetzt viel erzählen, aber das kann man alles nachlesen und auf Google Earth anschauen, denn das ist hier kein Geheimtipp, aber dennoch das Schönste, was wir seit Langem gesehen und erlebt haben. Vielleicht trifft der Satz von Marlene die Sache am Ehesten auf den Punkt:

„Ich habe einen granatenmäßigen Hunger, aber jetzt echt keine Zeit zum Essen. Wir müssen weiter flussauwärts, denn hinter dem nächsten Wasserfall wartet das nächste Auenland auf uns."

Und in der Tat kommt man sich ein bisschen vor wie in Bruchtal bei den Elben. Wasserfälle, die über Sinterterrassen in die Tiefe stürzen, sich in kleine und größere Seen ergießen. Baden und hineinspringen und rutschen und tauchen bei einer Außentemperatur von 38 Grad und einer Wassertemperatur von 28 lässt alles andere buchstäblich verschwimmen. „Alpamare" und „Galaxy" nichts dagegen, und „Gondwana-Land" nur ein kläglicher Versuch, das Paradies nachzubilden.

Pathos hin oder her: Wenn dann noch am Ende eines perfekten Tages ein warmer Gewitterregen auf's vergleichbar warme Wasser trifft, in dem wir uns längst am großen Wasserfall, dem Skradinski Buk, tummeln, dann ist das einfach nicht mehr zu toppen! Höchstens vielleicht durch die Tatsache, dass am Abend der Kühlschrank wieder funktioniert!

Das sind dann die kleinen Glücksmomente, die den Tag vervollständigen. Und die Aussicht auf ein „selbstgekühltes" Karlovacko tut sein Übriges dazu.

Die Nacht etwas kühler, die Grillen etwas lauter. Das Camp Krka außerordentlich nett und gemütlich. Und mitten in der Wildnis. Wie es uns gefällt.

Alles fließt

Boah! Die kroatische Autobahn Richtung Dubrovnik ist echt genial! Leider keinen Aston Martin unterm Hintern, sondern einen alten Golf Variant TDI und einen „Hobby Classic" Baujahr 96 im Schlepptau. Nix los, absolut entspanntes Dahintuckern mit 90 km/h. 32 Grad bereits morgens um 9 Uhr, macht aber nix, die Luft ist trocken. So trocken, dass immer wieder der ein oder andere Wald in Flamen steht und die Canadair mit dem Tropfen auf den heißen Ast alle Tragflügel und Flugzeugbäuche voll zu tun haben.

Es läuft. Der Teer auch. Nächstes Etappenziel: Das Fischerdorf Prapratno bei Ston auf der Insel Peljesac. Allein das Nadelöhr heißt Bosnien, und da müssen wir durch. Einfädeln lautet zunächst das waltende Prinzip. Danach nur noch Stau. Bosnien rein, denn durch den einzigen Meerzugang dieses Landes, Neum, muss man einfach durch. Knapp zehn Kilometer, die zur heißen Hölle auf schmelzendem Asphalt und kapitulierender Klimaanlage werden. Dann endlich auf der anderen Seite wieder raus. Wir sind wieder da, wo wir waren: in Kroatien. Ein paar Kilometer noch, und wir haben (immer noch bei bester Laune) das Camp Prapratno erreicht. Das Meer, wie zu erwarten: traumhaft. Blau, türkis, Sandstrand felsenumkränzt, badewannenwarm.

Morgen geht's nun endgültig über die Bosnische Grenze ins Gebirge. Und das wird wohl die erste Etappe sein, die weder berechnet ist, noch straßentechisch eruiert. Denn viel lässt sich im Voraus nicht erfahren. Karten für's Navi gibt's keine tauglichen, heißt also, auf die Streckenführung der herkömmlichen Landkarten vertrauen und sich auf Altgewohntes besinnen. Ich bin mal gespannt, wo wir morgen Abend übernachten. Ob in den Bergen Bosniens oder Montenegros?

Wir lassen uns überraschen.

Aber eines haben wir jetzt schon gelernt: Je weniger wir auspacken, desto weniger packen wir am nächsten Tag wieder ein. Erstaunlich, wie wenig man braucht, um zufrieden zu sein. Den Schatten eines Olivenbaums, ein Stück Käse, ein paar Tomaten, ein (oder zwei oder drei) Glas Rotwein, eine warme Steinmauer … und die ganze gründlich zusammen gestellte Kunststoff-Campingausstattung vom Berger wird überflüssig. Bei den Temperaturen sogar fast im Sinne des Wortes.

Camping mit Vollpension

——— ❧ ———

Camping auf kroatisch kann jeder. In Bosnien sieht das schon anders aus. Und mit dem Grenzübertritt kommt langsam Spannung ins Spiel. Autobahn war gestern. Heute tuckern wir mit Tempo 40 den letzten Rest der kroatischen Landstraße hinter Dubrovnik hinauf zum Grenzübergang in die bosnischen Berge. Klar habe ich mich informiert, alles zig mal überprüft: Ausweise, grüne Versicherungskarten, Fahrzeugpapiere. Und selbstverständlich bin ich die Straßen und die ganze wilde Gegend mehrmals auf Google Earth virtuell abgefahren, Höhenprofile auf Satelittenaufnahmen studiert, und ja: wenn da ein Lastwagen fahren kann, kann das auch unser Wohnwagen. Man wird wohl nur ein bisschen Nerven dazu brauchen.

Dass dann alles ganz anders kommt, als daheim am Schreibtisch geplant, war eigentlich zu erwarten. Zum Glück gibt's da in unserer schönen neuen Welt neben Big Brother immer noch die kleine Schwester der großen Planbarkeit: die Unberechenbarkeit. Die Straßenverhältnisse abenteuerlich, die Berge so fremd, die Dörfer, sofern es sie gibt, immer noch vom Krieg gezeichnet, dennoch die Landschaft so stoisch erhaben und wie mit spöttischem Blick das Werk aus Menschenhand ob all ihrer unverwüstlichen Anmut Lügen strafend.

Anders als an der Schweizer Grenze, erweist sich der Grenzübertritt als langwierige Angelegenheit. Mehr als nervös sind wir dann doch, als der Fahrzeugschein vom Wohnwagen fehlt. Dass er sich irgendwo im Bauch unseres Heims auf zwei Rädern befinden würde, lässt der Zöllner aber gelten, und wir sind durch – und drin in einem Land, wo wir wirklich Fremde sind. In Trebinje, der ersten und einzigen Kleinstadt (überhaupt der einzigen Ansiedlung) auf unserer Strecke, bleiben die Kinder am Straßenrand stehen, schauen staunend zu den Wohnwagenfenstern rein.

Die Straßenschilder fast alle nur auf kyrillisch, das Navi funktioniert erst gar nicht. Also auf's Bewährte zurückgreifen und hoffen, dass die Straßen auf der Landkarte tatsächlich vorhanden sind. Und dass das Zeltsymbol auf der Karte irgend so was wie ein Camp sein könnte.

In der Tat: Eko Kamp Ušce. Aber nein, kein Campingplatz im herkömmlichen Sinne, sondern lauter kleine Holzhüttchen, einige Zelte, ein paar Autos der Marke „Yugo uralt" und ein traumhafter Badeplatz an einem ebenso traumhaften Fluß. Immerhin gibt's eine Möglichkeit, mit dem Wohnwagen oberhalb der Straße zu parken. Von einer Einfahrtmöglichkeit auf das Camp jedoch kann nicht die Rede sein. Über Stock und Stein führt eine steile Schotterpiste hinunter zum Fluß.

„Das schaffen wir nicht!" Nach langem Abwägen mit der gesamten Camp-Crew (wie Wohnwagen runter, vor allem am nächsten Tag wie wieder hoch? Mehrere Allradler stünden zur Verfügung) beschließen wir, der Hobby bleibt oben, denn das ginge selbst auf bosnisch-rustikale Weise nicht. Also übernachten in der Wildnis am Straßenrand und lagern unten am Fluß.

Bei Ankunft wird bereits in der zentralen Hütte gekocht. Nach einer Stunde ausgiebig im Fluss schwimmen und zwei

Nikšicko-Bier später steht Alex vor uns. „Oh je", denke ich, „jetzt muss der Wohnwagen weg und mit ihm auch wir." Aber ganz falsch gedacht: „Das Essen ist fertig." (So zumindest haben wir's verstanden.) Wir sollen uns an den Tisch setzen. Es gibt für alle das gleiche, bosnischen Erbseneintopf mit Brot und Schokoriegel zum Nachtisch.

Später werden am Tisch nebenan einige Schafsköpfe präpariert. Das wird wohl Bestandteil des Abendessens sein. Unsere Kinder, erstaunlich rustikal bei der Sache, erweisen sich als überaus interessierte Zuschauer beim anschließenden Zerteilen nach dreistündiger Gar-Tortur.

Wir werden hier bestens versorgt. Jeder kümmert sich um uns, der eine ums Essen, der andere um den Strom für unsere leere Wohnwagenbatterie, die nächste ums funktionierende WLAN. Die Sprache? Verstehen wir nicht. Das macht aber nichts. Das geht trotzdem irgendwie. Und dann ist da noch Pereš. Wo er herkommt? Auch das wissen wir nicht. Nur was er ist: Musiker und Künstler. So sieht er auch aus. Mit seiner Tochter sei er hier, wie jedes Jahr, und das bereits seit vier Wochen. Pereš spricht bosnisch. Und englisch und deutsch und französisch. Sein alter Mercedes-Bus hat ein französisches Kennzeichen. Warum er seine Ferien hier verbringt?

„Weil das hier für mich der schönste Ort der Welt ist. Und weil am Meer viel zu viel los ist." Und dass hier sein Wohn-Auto den ganzen Tag offen stünde, weil keiner hier was klauen würde. Im Gegensatz zu „unten in Dubrovnik".

Das wollen wir jetzt einfach mal glauben! Pereš' Wort in Allahs Ohr … (Ich glaube, das ist hier derjenige, der das Sagen hat).

Höhen und Tiefen

— ❦ —

Nach einem überaus schönen Abend am bosnischen Camp in Lastva und einem gemeinsamen Abendessen mit Reis und Schafskopfgulasch (was übrigens „saugut" geschmeckt hat und sogar von unseren hungrigen Kindern mit Begeisterung verschlungen wurde), brechen wir nach einer unruhigen Nacht am Straßenrand in absoluter Wildnis und Dunkelheit am nächsten Morgen und nach einer ausgiebigen „Dusche" im Fluss bereits um sieben Uhr auf, um weiter in die Berge zur montenegrinischen Grenze zu gelangen.

Zugegeben, die Uhrzeit ist landestypisch unchristlich, aber dass der Zöllner auf seinem Grenzposten tatsächlich in seinem Stuhl noch schläft, gibt schon ein lustiges Bild ab und nimmt dem ganzen „wichtigtuerischen" Grenzübertrittsgebaren irgendwie doch ein bisschen seine furchteinflößende Ernsthaftigkeit. Da stehen wir nun, allein auf weiter Flur. Der Zöllner pennt und schreckt erst nach vorsichtigem Klopfen beschämt von seinem Stuhl hoch. Viel zu verschlafen, um großen bürokratischen Tamtam zu veranstalten, können wir, mir nichts, dir nichts, die Grenze passieren.

Die Bergetappe, die daraufhin folgt, verläuft wider Erwarten erstaunlich flüssig, die Straße befindet sich in absolut wohnwagentauglichem Zustand, sofern man auf defensive Fahrweise setzt. Die tausend gemachten Höhenmeter auf der anderen Seite wieder runter … und dann noch einmal auf 1.500 hoch. Zabljak im Durmitor-Nationalpark ist unser nächstes Ziel.

Durmitor – allein der Name klingt wie in Mittelerde. Nur gibt es hier keine Hobbits, Orks und Elben, sondern Wölfe, Bären und Luchse. Die Berge und Wälder, die Almwiesen und Hochebenen indes geben eine derart beeindruckende Kulisse ab, dass weder Film noch Fiktion jeglicher Art dabei mithalten können. Das ist echt ganz großes Kino und überhaupt das höchste der Gefühle. Auch für unseren Wohnwagen …

„Rita, wir koppeln an!"

— ❀ —

Unser Hobby steckt endgültig fest. Samt unserem alten Golf. Mag sich das montenegrinische Hochgebirge bis dahin dank neuer, gut ausgebauter Straßen erfolgreich getarnt haben, so entpuppt es sich hier trotz touristisch aufkeimender Infrastruktur endgültig als ausgefuchste und beinah unzugängliche Wildnis. Analog dazu existieren ein paar einfache Camps. Das von uns avisierte ist die Alm Ivan Do. Durch das Gewusel aus beiläufigen Teleskopstöcken und wandelnden Rucksäcken schlängeln wir uns durch das Zentrum Zabljaks weiter den Berg hinauf.

Weshalb wir die Frage, ob erst mal mit dem Fahrrad die steile Schotterpiste checken, gar nicht erst laut werden ließen, fragen wir uns im Nachhin auch. Vermutlich schwerer Anfängerfehler!

„Gib Gaaas!!! Sonst schaffen wir das nicht!"

Da beweise ich einmal Mut zu solch verwegenem Vorhaben, und, und ... uuuund ...

„Mehr geht nicht! Ich bin am Anschlag!" Jörgs kurze Ansage. Ein paar mal noch scharren im Schotter und schnauben des Motors, dann nur noch Qualm und Gestank, den ganzen Berg hoch. Handbremse ziehen und hoffen, dass wir nicht zurück rutschen. Das war's also – rien ne va plus. Weder vorwärts noch rückwärts, denn mittlerweile haben sich, wohlgemerkt auf der einspurigen Piste, von beiden Seiten Autoschlangen der neuerdings bergbegeisterten Montenegriner und Serben gebildet.

Dass man dabei zwar in Panik gerät, ist logisch, dass allerdings beide von uns immer noch einen relativ kühlen Kopf bewahren, liegt mitunter zwar auch an der frischen Bergluft, ist aber mehr als verwunderlich. Also den Berg hoch rennen und nach Hilfe Ausschau halten. Der Almwirt und Campbetreiber versteht gar nicht erst, was ich will. Da helfen auch sämtliche Hände und Füße nicht weiter, um kommunikativ auf einen gemeinsamen Nenner zu kommen.

„Watt jibt's denn für een Problem?"

Die Stimme schickt wohl der Himmel und mit ihr tritt neben mir und meinen gestikulierenden Verständigungsversuchen Klaus schmunzelnd aus seiner Tabbert Comtesse mit Berliner Kennzeichen.

Een Problem? Ha! Es gibt jede Menge! Ich die Lage rasch geschildert, scheint Klaus schlagartig in seinem Element zu sein. Während von einer maximalen Anzahl an Schaulustigen unser Hobby auf halber Höhe sehr gekonnt in eine minimale Einbuchtung bugsiert wird, kommt uns Klaus zusammen mit Rita und seiner E-Klasse schon bergabwärts entgegen.

„Wir haben euch längst gerochen", schmunzelt Rita, „bis oben zum Camp stinkt's nach Kupplung."

Rita und Klaus sind Proficamper, und das seit 40 Jahren. Von Himara in Albanien kämen sie hoch und seit acht Wochen seien sie schon unterwegs mit ihrer „Comtesse". In ein paar Tagen wollen sie über Serbien nach Sofia. Wo sie mit ihrem großen Wohnwagen übernachten wollen, das stünde aber noch in den Sternen. Dabei ist ihre Straßenkarte in jede Richtung vorgefaltet, sodass schnelles Umswitchen jederzeit gewährleistet ist. Die beiden begeistern mich sofort. Ich bin beruhigt.

„Dett kring w'r schon hin!" Da ist sich Klaus sicher. Schließlich hat er eine Autowerkstatt, wie er uns zu verstehen gibt, also den entsprechenden Sachverstand und ein vernünftiges Zugfahrzeug dazu – im Vergleich zu unserem Golf.

„Kinder, mit Frontantrieb könnt ihr dett verjessen."

Den Wohnwagen aus seiner misslichen Lage allerdings von Hand zu bewegen, wäre aufgrund der Steigung viel zu riskant, weil schlichtweg nicht zu halten.

„Rita, wir koppeln an!"

Und wir schauen und staunen nur noch über dieses eingespielte Duo, das mit scheinbarer Leichtigkeit unseren Wohnwagen mit nonverbalem, dafür umso präziser gestikulierendem Ankoppelungsmanöver erst rauszieht, dann raufzieht, und schließlich auch noch „im Wasser" aufstellt. Das nenn ich mal Teamarbeit!

Puh! Geschafft. Ging grad noch mal gut. Den sich angekündigten Gewitterschauer am Abend verbringen wir dann mit Lisa und Clemens aus Wien unter unserem neuen (und wasserdichten!) Sonnensegel.

Aber das ist eine andere Geschichte.

Und alle Türen offen

Nach dem rasch überwundenen Schrecken, kurze Bestandsaufnahme auf dem Camp: Ein alter Mercedes-Bus mit Wiener Kennzeichen steht neben uns. Durch die offene Schiebetür lassen sich ein paar Surfbretter erspähen. Klar fragt man sich auf einer Höhe von 1.500 Metern, was der Grund für solch „unpassende" Gepäckstücke sei.

„Wo wollt ihr denn damit noch hin?", ist meine wunderfitzige Frage. Und schon sind wir mitten im Gespräch, das sich dann doch über eine Tür- und Angel-Plauderei hinauszieht.

Und drei Flaschen Rotwein später sind sämtliche Surfspots und Übereinstimmungen abgeklärt. Auch Lisa und Clemens sind acht Wochen unterwegs, allerdings erst am Anfang ihrer Reise. Auch sie wollen nach Albanien und Ulcinj, den letzten Zipfel Montenegros, der bei keinem Surfer in seiner Bilanz fehlen darf. Es kann durchaus sein, dass sich unsere Wege nochmal einmal kreuzen werden.

Was sich allerdings nicht mehr kreuzen lässt, davon weiß Lisa eine lustige Geschichte vom Vortag zum Besten zu geben. Der Schlüssel in der Dusche nämlich sei das Objekt des Gelächters gewesen. Andere Länder, andere Sitten eben:

Seit ein paar Tagen beobachte ich das Toiletten- und Waschverhalten aller Nationalitäten. Da sind zum Beispiel die Polen, die aktuell in der Überzahl sind, und immer erst anklopfen. Ein Schloss an der WC- oder Duschtür scheint also nicht üblich zu sein. Hier wird's aber – wohl der Internationalität halber – mit einem „Schlüsselchen" an jeder Tür versucht. Die Konstruktion nicht nur der Türen, sondern sämtlicher sanitärer Anlagen ist – nun ja – gewöhnungsbedürftig, und seit vorgestern habe ich das Wort „rudimentär" fest in meinen Wortschatz aufgenommen. Es klemmt also an allen Ecken und Enden. Und das sogar im Sinne des Wortes.

„Da ist nach dem Duschen doch gestern glatt einem etwas korpulenteren Polen der Schlüssel in der Dusche abgebrochen", witzelt Lisa mit sichtlichem Ergötzen an der peinlichen Geschichte.

„Nach langem Rufen ohne jegliche Resonanz hat er's dann tatsächlich geschafft, sich durch das kleine Fenster nach draußen zu zwängen."

Sie kann ihr Lachen nicht mehr unterdrücken. Und wir nicht zusammen mit ihr und über die Tatsache, dass sich der Bub des Campingplatzbetreibers dieses Spektakel nicht entgehen ließ und sich bei diesem Anblick ebenfalls fast schief gelacht hat.

Seitdem ist einfach das Schloss dieser Duschtür ausgebaut, und keiner traut sich mehr, einen weiteren Schlüssel zu betätigen. Ganz nach polnischer Sitte wird jetzt eben auf dem stillen Örtchen laut angeklopft. So sehen wir betroffen, den Schlüssel ab und alle Türen offen!

Mein neues Lieblingswort

---❦---

Für die nächsten paar Tage haben wir uns nun hier installiert. Die Landschaft ist gewaltig, das Lagerleben auf dem Camp fast unbeschreiblich schön und so anders, als wir es von unseren bisherigen Urlauben gewohnt sind. Einfach, basic, gelassen, gemeinschaftlich, demütig, ja, rudimentär, sind nur einige wenige Adjektive, die diesen Zustand des Seins beschreiben.

Wen wundert's vor solchem Bergpanorama, das nach einem abendlichen Gewitter im morgendlichen Sonnenschein die volle Breitseite seiner majestätischen Erhabenheit abfeuert. Da muss man sich einfach hoch fühlen und hoch hinauf wollen auf diese Berge. Was auch unser gestriges Bestreben war. Allerdings sind wir ins nachmittägliche Gewitter geraten und haben 180 Höhenmeter unterhalb des Gipfels abgebrochen. Dafür „zum Trost" mit Rita und Klaus bei einer Flasche Sliwowitz und einer Flasche Sauerkirschlikör aus Ritas Garten über die Passion des Reisens im Allgemeinen und über's Campen im Besonderen philosophiert ... und bei nachlassendem Gewitterregen den nächsten Tag in Augenschein genommen.

Rita und Klaus werden weiter ziehen, und wir flussabwärts mit Neoprenanzug, Schwimmweste und Helm im Schlauchboot die Tara runter.

Elf Mann in einem Boot

Ein weiterer Morgen wie im Bilderbuch. Der Himmel blitzblau. Der Kühlschrank dank kalter Nächte übrigens wieder auf neun Grad Celsius. An die Temperaturen sollten wir uns gleich gewöhnen, wird doch die Tara in ihrem kühlen Bett nicht wesentlich darüber liegen.

Die Tara – die Träne Europas, wie sie hier genannt wird. Sie ist aber auch zum Weinen schön. Glasklar springt sie quicklebendig über Felsen und Kaskaden, dann schlummert sie wieder in ihrer tiefen Kuhle und blinzelt mit türkisblauen Augen beim sachten Kitzeln der Sonnenstrahlen durch die hohen Baumriesen, als ob sie kein Wässerchen trüben könnte. Mit einer Tiefe von bis zu 1.300 Metern schneidet sie sich tief ins Durmitor-Gebirge, was ihr damit das Prädikat „tiefster Canyon Europas" verleiht und sie zur montenegrinischen Vorzeigesensation schlechthin macht. Nur noch getoppt vom Grand Canyon, ist dieser Flusslauf ein echter Superlativ. Und da die direkte Berührung mit dieser Träne aus kristallenem Gebirgswasser auf Augenhöhe erst zum echten Erlebnis wird, was bietet sich da mehr an, als eine Rafting-Tour?

Morgens um zehn hier am Camp abgeholt, fragen wir uns in dem klapprigen Bus bald schon, ob der Fahrer wohl auch einen Führerschein hat. Immerhin hat er zumindest ein Nummernschild und ist durch diesen Fakt dem Fahrzeug vor uns ein entscheidendes Stück voraus. Es wird an jeder Ecke gegrüßt und gewinkt, angehalten und geschwätzt, und wenn die Freunde von der Polizei am Straßenrand lauern (was die immer und überall tun!), dann wird schnell der Gurt angelegt oder zumindest so hingehalten als ob, ein paar freundliche Worte gewechselt – und wieder weg mit dem einengenden Band.

Auf wundersame Weise am Rafting-Camp angekommen, gibt's zunächst für alle selbstgebrannten Sliwowitz. Was auch sonst? Auch einen zweiten. Immer wieder die gleiche Zeremonie bei allen Neuankömmlingen, allerdings scheint nur ein einziger Satz Gläser vorhanden zu sein.

Wie wär's mit spülen?

Hey, das Zeug hat locker 60 Umdrehungen, das macht jedes Spül- und Desinfektionsmittel überflüssig. Von daher eigentlich eine ökologisch einwandfreie Sache.

Beschwingt also nochmals in den Jeep, und jetzt ist man doch schon weitaus entspannter, wenn es das letzte wirklich steile Stück zum Fluss runter geht.

Auf zwei Boote verteilt, stellen diese Elfer-Gespanne eine bunte Mischung aller Nationalitäten dar. Es kann also losgehen. Let's go! On y va! Bock mar's!

Anfangs fließt sie noch gemächlich dahin, die Träne, und macht ihrem Namen alle Ehre. Bald jedoch sind es die Tränen in den Gesichtern der emsigen Paddler, die sich als Gischt und Spritzwasser erweisen. Es macht einfach riesigen Spaß, die Kinder sind begeistert, wenn's so richtig wild wird. Irgendwann nach gefühlten einhundert Stromschnellen endlich Badepause. Nicht alle trauen sich ins eisige Wasser, aber wir sind da hart im Nehmen. Bei 28 Grad kann's jeder … Und ich kann sogar Köpfer vom Felsen! (Ja, auch wenn ich der größte Schisshase vor dem Herrn, von mir aus auch vor Allah bin, springe ich, ohne mit der Wimper zu zucken, immer noch überall mit Köpfer runter.)

Noch eine halbe Stunde weiter flussabwärts, dann ist Schluss. Die Boote werden verladen, die Paddler ins Camp, beziehungsweise zum Wohnhaus des Guides zurück„gerüttelt", wo ein fulminantes Mahl auf 22 hungrige Mäuler wartet. (Und wir haben uns schon gefragt, weshalb die beiden Mädchen vormittags so viele Kartoffeln schälen …)

Gegrillte Forellen, gebratene Kartoffeln, Reis mit Tomaten, selbstgebackenes Brot, Krautsalat – und natürlich Sliwowitz. Der steht in der neu aufgefüllten Karaffe immer noch auf dem Tisch. Wie auch die Gläser vom Vormittag.

Von Menschen und Rindviechern

Rita und Klaus sind gestern morgen weiter gezogen. Ohne Probleme das Mordstrumm von Wohnwagen angehängt und souverän ihre „Comtesse" von der Weide gefahren. Jawoll, von der Weide! Denn das ist hier gar kein Campingplatz, sondern wie bereits erwähnt, eine Alm. Und da gibt's eben auch Kühe, und die gehören dem Campwirt, der eigentlich gar keiner ist, sondern einfach nur Landwirt.

Wenn diese gehörnten und übermütigen und im Vergleich zu ihrem Besitzer weitaus weniger freundlichen Vierbeiner dann aber zwischen den Zelten rumspazieren und einfach nur ihr „okkupiertes" Futter einfordern, stellt man einmal mehr fest, dass man hier wirklich nur Gast ist. Wenn aber so eine blöde Kuh unser Dach einreißt und auch noch das ganze Mobiliar mit sich schleift, fragt man sich doch, ob nicht wir Menschen die Rindviecher sind, die meinen, überall ihren Mist hinterlassen zu müssen.

Wir sind dann mal weg! Kurz vor Abfahrt in Markdorf in der Unteren Gallusstraße

Ein Sprung ist kalte Wasser wird diese Reise sein. Auch bei 26,5 Grad. Senj, Kroatien

Ein Sprung ins warme Wasser. Unzählige kleine und größere Seen ...

... bei den Krka-Wasserfällen in Skradin, Kroatien

Abendstimmung in Skradin

Morgenstimmung in Prapratno, Kroatien

Camp Usče in Lastva, Bosnien

Vorbereitungen für's gemeinsame Abendessen mit Schafskopfgulasch

Hinter uns Bosnien ...

... vor uns Montenegro

Nikšić, Montenegro, die Heimat des gleichnamigen Bieres. Nichts als Bier und Wasser

Frühstück am Camp Ivan Do, Durmitor

Oben Gewitterwolken, unten der Jablansko Jezero. Durmitor

Die Tara-Schlucht, der tiefste Canyon Europas

Elf „Mann" in einem Boot ...

... und elf „Mann" beim Essen. Rafting macht hungrig.

„germany good!"

Das gibt's doch nicht! Auf dem Sedlo-Pass treffen wir die beiden Spanier wieder, die am Tag zuvor mit uns in einem Boot saßen. Die beiden, die sich mit dem Sliwowitz etwas schwer taten und wir, um das Teufelszeug runterzuspülen, alle miteinander aus derselben Wasserflasche getrunken haben. Es ist schon erstaunlich, wie schnell man Prinzipien über den Haufen wirft und sich an manche Gegebenheit anpasst.

Am Freitag, so erzählen die beiden, würden sie nun endgültig ihr Mietauto abgeben und zurückfliegen nach Spanien. Seit Wochen seien sie schon unterwegs, und ihre Reise hätten sie in Deutschland, in Wacken, begonnen. Zum wiederholten mal seien sie als echte Metal-Fans auf diesem legendären Festival gewesen. Dass es dieses Jahr tagelang geregnet hat, das schien laut ihren Schilderungen keinen gestört zu haben.

„Die Stimmung war bestens, die Menschen absolut happy." Das wäre in Spanien ganz anders. Da wäre keiner mehr bei guter Laune, schwärmen sie von Deutschland.

Tut irgendwie gut, das zu hören. Dann muss die Außenwahrnehmung doch eine andere sein.

Noch einmal an diesem Tag soll uns eine ähnliche Begegnung unsere Mentalität vor Augen führen. Nach einer heftigen, dafür umso grandioseren Bergtour, treffen wir auf eine serbische Familie. Lake Constance? Klar, würden sie den Bodensee kennen. „Very loveley." Und in Garmisch seien sie erst kürzlich gewesen. Tolle Gegend, und die Menschen so freundlich.

„Germany good!" Die Berge allerdings seien ganz anders, als diese hier im Durmitor.

Denn diese Berge sind mit nichts zu vergleichen. Ich könnte jetzt versuchen, auf mein gesamtes Repertoire an Adjektiven zurückzugreifen, aber auch dann würde es mir nicht gelingen, nur annähernd dieses Naturszenario zu beschreiben.

Vielleicht am Ehesten so: Man stelle sich die Hochebene von Rohan vor (die wilden Pferde sind hier übrigens inklusive), dann nehme man das Wettergebirge samt den von Saruman gesandten Blitzen. Und schließlich und als Finale Furiosum lässt man sich, im Geröll kauernd, von den weiten Schwingen der Adler hinweg über Mittelerde tragen.

Wir beschließen, am Abend im Wohnwagen per Beamer auf unserer improvisierten Leinwand den zweiten Teil von „Herr der Ringe" zu gucken.

Quo vadis?

———— ✹ ————

„Leider" bin ich am Abend zwecks WLAN am Hotspot Ivan Do beim großen Holztisch mit einem älteren Paar beim Vesper verhockt – und Mordor muss warten.

Lena und Roman sind aus der Steiermark und mit Zelt und Minimalgepäck unterwegs, wie so viele andere hier auch; es wird gemeinsam am zentralen Herd gekocht und gemeinsam gegessen. Ich sitze mittendrin, weil nur an dieser Stelle das Internet richtig funktioniert.

Mit dem Cabrio seien sie unterwegs.

„Mit dem Cabrio im Durmitor?"

Das scheint mir ja noch abenteuerlicher, als mit unserem Hobby-Wohnwagen. Ich bin etwas verwundert. Als sich dieses Oben-Ohne-Gefährt dann auch noch als 18-jähriger Opel Astra erweist, fällt mir nichts mehr ein. Ins Kosovo wollen sie nun damit, denn die Albanischen Alpen – Theth, Valbona, Vermosh – hätten sie schon längst bereist.

Wie soll denn das gehen, wo man da nur mit dem Allradler hin kommt? Roman zeigt mir die beiden Offroad-Reifen auf der Rückbank seines – nun ja – nicht mehr ganz so edlen Autos. Außerdem hätte er für den Notfall noch Ketten dabei.

„Oba net die vom Hofer, wöi die räß'n", weiß er mit dem komödiantischen Eifer eines Hans Moser aus leidiger Erfah-

43

rung. Außerdem hätten sie im Kofferraum noch einen hübschen blau-gelb gestreiften Sonnenschirm. Denn an der Grenze zu Albanien kann's schon mal passieren, dass man zwei Stunden steht. Und das in der prallen Sonne und bei 40 Grad. Der Parasol wird dann einfach im Cabrio aufgestellt. Dieses Bild stelle ich mir sehr lustig vor. Aber Cabrio ist eben Cabrio.

Es ist bereits stockfinster, und wir sitzen unterm Sternenhimmel bei kühler Bergluft immer noch am runden Tisch. Die beiden erzählen von ihren vielen Abenteuern, der Beinah-KFOR-Katastrophe im Kosovo, und ich lausche gespannt. Wäre das Cabrio an diesem Militärposten ein Kleinbus gewesen, wäre das wohl nicht so glimpflich abgegangen. Über das Prokletje-Gebirge, die Verfluchten Berge, wären sie schon gefahren. Runter nach Albanien.

„Von Plav über Gusinje nach Vermosh?", frage ich kopfschüttelnd, langsam an unserer vermutlich feigen Fahrweise zweifelnd.

„Jo, host denn Du die gonze Londkort'n im Kupf?"

Endlich habe ich Roman zum Stauen gebracht!

Ja, hätte ich, denn schließlich will ich wissen, wohin die Wege führen und mich nicht einfach auf's Navi verlassen, das sowieso hier nicht funktioniert.

Anders als Jörg, der sich navigationstechnisch allein auf solches Wunder der Technik verlässt und bei der unmittelbaren Ansage aus dem kleinen Lautsprecher: „Sie weichen seit einer Minute fünftausendvierhundertsiebenundsiebzig Kilometer von Ihrer Route ab", ziemlich ins Schleudern gerät.

Säße nicht ich an seiner Seite, und wäre meinem Blick nicht entgangen, dass auf dem Baumstamm am Straßenrand in hingepinselten vertikalen Lettern „Žabljak" zu lesen steht.

Kehrwoche

--- ✦ ---

ŽABLJAK, MNE, 14. AUGUST 2015

Die vier Polen neben uns haben mich einmal mehr zum Staunen gebracht. Mit zwei Mini-Zeltchen, einem Gaskocher und einem Sandwich-Toaster residiert das Glückskleeblatt auf der Wiese, und die abendlichen Gewitter scheinen ihnen überhaupt nichts auszumachen. Dagegen kommen wir uns manchmal grad ein bisschen überheblich vor in unserem mobilen Haus und unserer schwäbischen Mentalität.

„Wenn ich jetzt auch noch anfange, den Vorzeltteppich zu kehren, mache ich mich echt unbeliebt", ist nach dem Frühstück meine geäußerte Vermutung. Oder macht man sich viel zu viele Gedanken über zu viele Nebensächlichkeiten? Ich glaube, je weniger man hat, desto mehr hat man vom Leben.

An unserem letzten Abend am Camp Ivan Do kommen die Vier von einer 13-stündigen Bergtour zurück. Strahlend, überglücklich, erschöpft. Auf dem Bobotov Kuk seien sie gewesen, zeigen uns voller Begeisterung die Bilder dieser äußerst schwierigen Tour. Es dämmert längst, viel früher als daheim. Wir haben schon gegessen, die Kinder kommen vom Geschirr spülen zurück – mit unserer neuen Luxus-Falt-Spülschüssel vom Berger. Marlene mault: „Unsere Nachbarn sitzen da hinten an der Kochstelle und machen sich gerade in einem alten Blechtopf eine Päckle-Suppe. Des hett mi au a'gmacht."

Mirëdita!

---------- ✦ ----------

Gestern nun haben wir im Durmitor zusammen mit unseren polnischen Freunden (ich glaube, das kann man schon fast so sagen) unsere Zelte abgebrochen. Die Verabschiedung war von einer Herzlichkeit, die einem nicht oft widerfährt. Es wurde umarmt, Hände gehalten, die Kinder gedrückt. „Gute Reise!" Und „Good Luck! So nice to meet you!" Danke für die Begegnung. Dabei haben wir doch gar nichts getan. Auch nicht den Teppich gekehrt, vor allem aber nichts darunter.

Jörg den Wohnwagen ungleich leichter mit unserem Golf die Schotterpiste hinunterbremsend, kündige ich mit dem Fahrrad voraus das „Long Vehicle" an und halte den entgegenkommenden Verkehr auf.

Wir verlassen endgültig Zabljak. Noch einmal bei einem ausgiebigen Frühstück die Tara-Brücke passierend, führt unsere Reise auf ebenso anspruchs- wie eindrucksvoller Straße die Tara flußaufwärts, um auf der anderen Seite die gewaltige Moraça-Schlucht Richtung Podgorica hinunter zu tuckern.

Bei 40 Grad und stehender Luft in diesem Moloch angekommen, sind wir so erledigt wie ernüchtert. Die Kulisse dieser Stadt ist nach all den grandiosen Eindrücken wohl das Hässlichste, was wir seit Langem, ach was, was wir je gesehen haben! Da müssen wir jetzt aber durch, was sich als weniger schwierig als einfach nur scheusslich und heiß erweist. Die Ebene um Montenegros Hauptstadt, einst Titograd, glüht, irgendwo in der Ferne steht ein Wald in Flammen. Noch 30 Kilometer bis zur albanischen Grenze.

Mit jedem Kilometer steigt die Spannung und analog dazu auch wieder die Stimmung. Da stehen wir nun also. Nur wenige Autos vor uns, dazwischen Ziegen und anders Geziefer. Ich steige aus. Das muss schließlich fotografisch dokumentiert werden. Sofort werde ich zurück gepfiffen. War wohl keine gute Idee. Eingeschüchtert springe ich zurück ins Auto. Dann halt ein paar „heimliche" Fotos aus'm Fenster. Erstaunlich schnell sind wir an der Reihe. Pässe, grüne Versicherungskarten, Fahrzeugscheine (warum der vom Wohnwagen vergleichsweise viel gründlicher angeschaut wird, entzieht sich meiner Kenntnis). Kopfnicken, die Dokumente zurück … und … Wir sind drin! In Albanien!

Das soll also das Armenhaus Europas sein? Das wollen wir erst mal nicht glauben, und was wir beim Einfahren auf den Campingplatz sehen und wie wir empfangen werden, müssen wir entweder im falschen Film sein oder ganz dringend ein paar Vorurteile abbauen.

gutes Rad teuer

---❦---

Bereits am ersten Tag in diesem fremden Land werfen wir alle unsere Vorsätze und Prinzipien über den Haufen. Wir schließen weder Auto noch Wohnwagen ab (die „Haustür" steht auch nachts offen, weil es einfach hitzeheiß ist), wir lassen Handys und Laptops auf dem „Gartentisch" liegen, ebenso das SUP den ganzen Tag am Strand. Und: Wir lassen die Kinder mutter- und vaterseelen alleine auf dem Campingplatz zurück.

„Lake Shkodra Holiday Resort" nennt sich diese Location. Und so kann sie sich zurecht nennen! Ein Platz, der seines Gleichen lange suchen muss, nicht nur in Albanien, sondern ebenso in Deutschland, Frankreich, Italien. Das gibt's doch nicht! Und das, nachdem ich in Montenegro meinen Wortschatz, was den europäischem Standard in Sachen Sanitär betrifft, extra erweitert habe. Hier sind sogar die Duschen digital! Was aber nur so viel heißt, dass sie mal heiß, mal kalt sind. Aber das ist auch das Einzige, was noch zu optimieren wäre. Den ganzen Tag wird gesprungen, geputzt, gekümmert. Sogar um den Müll (was hier ein echtes Problem darzustellen scheint); das kleine Restaurant am Strand: einfach nur „Best place to be" – oder eben „Best place to See". Das Essen grandios, analog dazu die Preise. Selber kochen lohnt sich kaum.

Gestern Abend einkaufen in Shkodra, da wieder einmal die

Vorräte zur Neige gingen. Unsere Kinder bereits „adoptiert" von Friedbert und Roxana aus Engen, beziehungsweise Rumänien, mit ihren beiden Mädchen im selben Alter. Also einmal Downtown Shkodra – nur Jörg und ich.

Was sich zur samstäglichen Rushhour mit dem Auto als recht einfach zu navigierende Stadt erwies, sieht heute morgen schon ganz anders aus. Aber was für ein Erlebnis, diese drittgrößte und älteste Stadt Albaniens an einem Sonntagvormittag mit dem Fahrrad zu erkunden! Das ist eine „Er-Fahrung" im Wortsinn und mit ein bisschen Mut und Abenteuerlust jedem, der hier einmal sein sollte, nur zu empfehlen.

Marlene hängt seit gestern Abend in den Seilen, wohlgemerkt, nicht wie sonst in der Hängematte, hat Fieber, Bauchweh, Husten ... einmal das volle Programm. Wir hoffen am Nachmittag auf Besserung, was erfahrungsgemäß bei diesem uns vertrauten Krankheitsverlauf durchaus im Bereich des Möglichen liegen könnte.

Während der Patient im Liegestuhl liegt, knüpft Jörg an den Schnüren seines Kites, und Ida kümmert sich zusammen mit ihren neuen Freundinnen und dem Camping-Kater um Marlenes Krankenpflege.

Ich dagegen möchte mit dem Fahrrad dem gestern entdeckten Heldenfriedhof am Stadtrand einen Besuch abstatten. Zugewachsen, die verwitterten Grabsteine liegen kreuz und quer, die Inschriften nur noch zum Teil lesbar. Mit „schlangensicherem" Schuhwerk (das hier zwingend erforderlich ist!) radle ich los, um in Albaniens Vergangenheit zu schnüffeln.

Bald hat mich nicht nur dieser Ort, sondern die ganze Stadt in ihren Sog gezogen, und ich strample weiter bis ins Zentrum. Was mich da erwartet, lässt sich kaum beschreiben. Ungefähr so viele Fahrräder vom Modell „Draisine" bis – nun, maximal zum Epple-Rad, beladen wie ein mittelgroßer Lastwagen, und Autos, sprich: Mercedes vom Modell „Martha Benz" bis zur E-Klasse. Daneben, dazwischen und mittendurch Eselskarren, Pferdefuhrwerke, Federvieh, Ziegen, Kühe.

Es hupt, es schrillt aus den Trillerpfeifen der Polizisten; orientalische Klänge aus dem vorbeiröhrenden Bentley samt schwer „bebenzter" Eskorte, welche Braut samt Bräutigam in den siebten Himmel oder wohin auch immer kutschieren soll. Und ich mit dem Fahrrad in Schlangenlinien zwischendurch. Maximales Chaos am „Platz der Demokratie", was hier wohl wörtlich genommen wird, und somit jeder selbst entscheiden kann, ob links oder rechts.

Aber irgendwie arrangiert man sich, kommt gut aneinander vorbei. Es läuft erstaunlich unhektisch, rücksichtsvoll und defensiv. (Was wir so von Montenegro nicht gewohnt sind).

Dieses Land ist ein merkwürdiges Land. Ist man erst einmal über der Grenze, verändert sich auf einen Schlag alles. Der Verkehr läuft anders, die Menschen sind ebenfalls ein ganz anderer Schlag. Wen wundert's? War doch dieses Volk bis 1991 gänzlich isoliert, eingesperrt, ausgegrenzt. Keiner kam hinein, keiner hinaus. Hinter dem berühmten Tellerrand, sofern er aufgrund fehlender Straßen überhaupt je erreichbar war, gähnte der Abgrund, der zu überwinden schier unmöglich war. An jeder Ecke ist die bewegte Geschichte dieses Volkes gegenwärtig. Man spürt den Orient in jeder Faser, selbst die Tauben tragen ein orientalisches Gefieder. Wenngleich der Norden, vor allem aber Shkodra, vom Christentum geprägt ist, herrscht ein harmonisches Miteinander aller Religionen. Neben den Kirchtürmen ragen Minarette in den Himmel, während sich die orthodoxen Kishas prunkvoll, dennoch mit anmutiger Zurückhaltung in diese Art von Ökumene einreihen. Den ersten atheistischen Staat sollte Albanien unter der Diktatur von Enver Hoxha abgeben. Was auch bis 1991 der Fall war. Und nun, nach über 20 Jahren Wiederaufbau, scheinen die Albaner andere Sorgen zu haben, als Grabenkämpfe in Sachen Glaubensfragen auszufechten.

Mit meinem Rad zufällig in eine Seitengasse geraten, stehe ich unvermittelt vor der Kisha Orthodoxa, einem gewaltigen Bauwerk, das mich durch seine erhabene Ästhetik regelrecht in seinen Bann zieht. In meinem Indiana-Jones-Outfit vermute ich allerdings, auf verschlossene Türen zu stoßen. Trotzdem frage ich beim Priester nach, ob ich eintreten dürfe, entschuldige mich gleichzeitig für meine unangemessene Kleidung.

„Welcome. No problem. This is also a place of touristical interest." Hier öffnet sich einiges, nicht nur die Türen der Kirchen. Mir scheint, ein ganzes Land ist im Aufbruch. In Shkodras ebenso prächtiger wie wuseliger Fußgängerzone tritt mir beim Blick in eine kleine Galerie ein junger Mann entgegen, reicht mir seine Hand: „Hi, I'm Carlo. Welcome to Albania!" Eigentlich sollte ich jetzt erst mal sprachlos sein, wenn ich auf den Mund gefallen wäre.

„Hi, I'm Helga." Wo ich her komme, möchte er wissen. Lake Constance kenne er. Und er selbst?

„This is my hometown. And that's my country," sagt er mit dem Stolz der Adlersöhne. Weil ich als Frau mit Rucksack auf einem Mountainbike eine exotische Figur abgeben muss, erkläre ich rasch den Plot. Dass wir ihn alle besuchen sollen, sobald unsere Tochter wieder gesund sei und dass er uns seine Galerie zeigen möchte, ist sein Wunsch, während meinem Centurion seine unumwundene Bewunderung gilt: „Good bike!" Andächtig begutachtet Carlo mein Fahrrad. Ohne Neid. Dafür mit viel Empathie. Da bin ich mir sicher.

Dank meines Orientierungssinns irgendwie den Weg zurück zum Campingplatz gefunden, begegnen mir unzählige winkende Hände, herzlich grüßende Gesichter, zahnlose Zurufe von Alt und heitere Hands Up von Jung.

Beim Antritt dieser Reise habe ich zwar mit Vielem gerechnet, mit all dem aber nicht.

Marlene schläft, hat den (hoffentlich flohfreien) Camping-Kater an ihrer Seite. Mehr Sightseeing ist heute nicht mehr. Heftiges Gewitter, spektakuläre Kulisse.

Was für ein Land – und was für Menschen!

My Wohnwagen is my Castle

———— ✸ ————

Das Gute an einem Wohnwagen ist, dass man nach Hause kommen kann. Denn ist dieses mobile Heim erst einmal abgekoppelt, ist man immer genau dort daheim, wo die Kurbel liegt.

Marlene ist wieder einigermaßen auf dem Damm, Fieber runter, dafür immer noch etwas wackelig auf den Beinen. Wir beschließen, uns Kruja anzusehen. Die legendärste aller albanischen Burgen, gleichzeitig Nationalheiligtum und Wirkungsstätte Skanderbegs, dem Nationalhelden, der einem auf Schritt und Tritt über den Weg läuft, beziehungsweise auf seinem Ross entgegen reitet.

Nach dem Motto: der Weg ist das Ziel, soll uns unsere Route über Lezha und Skanderbegs Grab auf der SH 1, der Hauptverkehrsader, locker flockig nach Kruja führen. Dass wir allerdings nicht bedacht haben, dass es sich hierbei eigentlich um die einzig richtige Straße in ganz Albanien handelt, außer der bei Lezha abzweigenden Kosovo-Route, soll uns einmal mehr unsere Blauäugigkeit buchstäblich vor Augen führen. Bereits in Shkodra stecken wir fest, werden Stück für Stück und Zentimeter für Zentimeter weiter geschoben, und das zieht und schiebt sich und uns über Stunden.

Zigeunerkinder am Straßenrand, die ihre Hände zum Fenster rein strecken, Menschen, die von irgendwem irgendwo hin mitgenommen werden wollen. Auf der „Autobahn" ein ähnliches Bild. Radfahrer, mit mehreren Personen beladene Mopeds, motorisierte Schubkarren, die als Familienvehikel dienen, Viehhirten, die ihre unmotivierte Kuh am Seil hinter sich her schleifen. Mit dem Verkehr. Gegen den Verkehr.

Ziemlich mitgenommen endlich in Lezha angekommen, parken wir unser Auto irgendwo mitten im Chaos in einer grusligen Seitenstraße ohne aber je daran zu zweifeln, dass alles gut gehen wird. Nach dem Grabbesuch des altehrwürdigen und siegesreichen Shkipetaren treibt uns der Hunger in eine kleine Imbissbude. Wunderbares Mittagessen (wohlgemerkt es ist schon halb drei), zuzüglich Bier und Fanta … für vier Personen 1000 Lek. Umgerechnet ungefähr 7 Euro!

Nach angestiegener Stimmung läuft dann der Verkehr auch wieder flüssiger, bis er kurz vor Kruja schließlich ganz zusammen bricht.

„Los! Wir nehmen die Abkürzung!", lautet mein Befehl beim Blick auf die Straßenkarte. Mit einem spektakulären Stunt im Stau reißt Jörg das Steuer rum. Was dann kommt, lässt sich kaum beschreiben. Eine Straße ist das nicht, wenngleich sich einige Gefährte und Pferdegespanne darauf redlich abmühen, und sie auf der Karte doch nun mal weiß eingezeichnet ist! Binnenseegroße Schlaglöcher wechseln sich mit tektonisch aufgeworfenen Erhebungen ab. Und die Tatsache, dass ein heftiger Gewitterregen jedes Loch geflutet hat, lässt jetzt nicht einmal mehr deren Tiefe erkennen.

„Links! Rechts! Achtuuuuung!", brülle ich völlig verzweifelt.

„Was, wenn wir in einem dieser Tümpel stecken bleiben!"

„Schrei noch ein bisschen lauter, dann werden die Löcher bestimmt im Erdboden versinken", kommentiert Jörg schmunzelnd mein Geschrei.

Gelegentlich faucht verdächtig der Unterboden, die Stoßdämpfer geben ihr Bestes. Was aber nicht genug ist. Immer wieder muss ich an Lena und Roman und ihr Cabrio denken. Wo die jetzt wohl stecken?

Vielleicht hab ich für's Offroad-Fahren einfach zu schwache Nerven. Als irgendwann wieder die „richtige" Straße auftaucht, zeigen sich die Knöchel meiner Hände weiß und blutleer. So sehr habe ich mich im Autositz festgekrallt. Als ob das was nützen würde. Jörg ist da viel gelassener:

„Was haben wir daraus gelernt? Wenn keiner diese Abkürzung nimmt, *dann ist das keine Abkürzung!*"

Bisher sind wir nur rote und gelbe Straßen gefahren. Was also heißt: die weißen sind unbedingt zu meiden, weil das gar keine Straßen sind! Um vier Uhr erreichen wir endlich Kruja. Mittlerweile viel zu erschöpft, um diese Burg ausgiebig unter die Lupe zu nehmen, sind wir sichtlich erleichtert, dass auch in Albanien am Montag alle Museen geschlossen haben. Also lassen wir uns durch die vielen Basargässchen treiben, entscheiden uns im lauschigen Burghof für ein weiteres Birra Tirana und genießen mit Blick auf Tirana im Süden und das Meer und die Lagune von Patok im Osten die Stimmung, die von diesem verzauberten Ort ausgeht.

Eine albanische Hochzeitsgesellschaft vervollständigt dieses Bild, wenngleich mir die Braut echt leid tut. Mit elfengleicher Anmut und weit ungleich traurigerem Blick scheint sie sich in ihr Schicksal zu fügen. Ich möchte mir gar nicht ausmalen, wie dieser fette Bräutigam mit behaartem Stiernacken dieses zarte Geschöpf nicht nur im Sinne des Wortes erdrückt.

Mit ihrem langen, wehenden Kleid bleibt sie im Kopfsteinpflaster hängen, keiner nimmt zunächst davon Notiz. Nur Jörg steht direkt daneben und hilft ihr aus ihrer misslichen Lage. Ida und Marlene schauen andächtig zu, wie Papa sich am Brautkleid zu schaffen macht. Endlich ist der Tüll befreit und flattert vogelfrei im Wind.

„Wie hat sich das Brautkleid denn angefühlt?", will Ida ehrfurchtsvoll wissen.

„Genauso, wie die Wohnwagengardine", zieht Jörg den so einfachen wie mannestypischen Vergleich.

Und immer wieder ist es der Wohnwagen, der unser „Leben in Bewegung" bestimmt.

„Komm, wir kaufen die kleinen Schüsselchen, die passen so gut zum Camping-Tischtuch", sind es auch die Kinder, die sich um ihr trautes Heim kümmern.

Allzu lang indes sollten wir uns hier nicht mehr aufhalten, haben wir uns doch vorgenommen (und auf den Rat aller Albanien-Erfahrenen setzend), nicht bei Nacht zu fahren.

„Können wir nicht endlich wieder heim fahren?", jammert Marlene, die, wie mir scheint, die größte Mühe hat mit all der Fremde in diesem unvertrauten Land. Mit „heim" sei jedoch nicht die Untere Gallusstraße in Markdorf gemeint, sondern lediglich der Wohnwagen. Der ist vertraut, da befindet sich ihr Bett, da wohnen wir!

Klar kommen wir doch noch in die Nacht rein. Denn wieso soll der Verkehr in die andere Richtung flüssiger laufen? Das Fahren erfordert höchste Konzentration. Einmal noch durch Shkodra by night, was zweifelsohne ein paar aufregend schöne Stunde garantiert; dann haben wir endlich abends um halb zehn den Campingplatz erreicht.

Wir sind daheim!

Der steile Anstieg zum Prutas macht nicht nur Ida zu schaffen

Endstation am Sattel zum Prutas, Durmitor. Weiter geht's für uns nicht mehr

Eine Hochebene wie in Rohan. Allerdings im Durmitor

Keine Hobbits, Orks und Elben, dafür Wildpferde im Durmitor

Gäste zum Abendessen am Camp Ivan Do

Alles schläft, einsam wacht ... Frühmorgens am Camp Ivan Do

Frühstück an der Tara-Brücke – dann geht unsere Reise weiter ...

... auf abenteuerlichen Straßen die Tara-Schlucht entlang

Vor der albanischen Grenze

Und dann sind wir drin. In Albanien

Der erste Abend am Lake Shkodra Holiday Resort, Albanien ...

... und der erste Morgen

Sonntagmorgen in Shkodra ...

... gearbeitet wird ein ander mal. Heute wird gewunken. Morgen auch

Mercedes und Moscheen wohin man sieht. In Shkodra am Platz der Dekomkratie

Reges Studentenleben in Shkodras Fußgängerzone

Alles Asfalti, oder was?

———— ✦ ————

Nach dem gestrigen Besichtigungs-Marathon wollen wir den heutigen Tag etwas ruhiger angehen lassen, jedoch ohne gänzlich in Lethargie zu verfallen. Was dieser Platz aber ebenso bereitwillig wie Genuss verheißend hergeben würde. Da mein Sportprogramm bei dieser Hitze seit nunmehr zwei Wochen absolut auf Eis liegt, und weil in Albanien einfach keiner joggt, (denn hier hat jeder andere Sorgen, als ich die meinigen, nämlich das Fett meiner angefressenen Luxus-Problem-Zonen wegzukriegen), beschließe ich, die Gegend „direkt vor der Haustür" mit dem Rad zu erkunden.

Die historische Brücke über den Fluss Kir in Mes, die Ura e Mesit, soll mein Ziel sein. Und da mir seit unserer gestrigen Etappe die Nebenstraßen mehr als suspekt sind, fällt die Wahl ganz klar auf mein Centurion-Allrad. Erst mal weg von der SH 1, erlebe ich heute zum ersten mal das Hinterland Albaniens.

Auf erstaunlich gut ausgebauter Strecke (für ein Mountainbike) komme ich, kaum merklich bergan, flott vorwärts. Die Berge rücken immer näher, und vor mir türmen sich bald die Vorboten der kalkweißen Kolosse der Alpet Shkipetaria auf. Dass mir meine Landkarte allerdings bei dieser Mission mehr als einen Streich spielt, merke ich bald. Irgendwie scheinen mir die „planmäßigen" Wegverläufe frei erfunden oder aber von einem gelangweilten und etwas exzentrischen Kartografen neu designt zu sein, damit auf dem leeren Raum des Faltpapiers neues Leben erwacht. Und da hat mir Nico, der Campingplatz-Kümmerer, doch alles so schön erklärt ... One mile to the south, between the fuel station and the mosque to the left. Und dann nur noch gerade aus und irgendwann nach 15 Kilometern wieder rechts. So einfach ist also Albanien?

Von wegen! Schon im ersten Dorf, das eigentlich gar keines ist, sondern lediglich eine Ansammlung einiger windschiefer Häuser, einem „Laden", einer Bar und einer Moschee, weiß ich nicht mehr weiter. Was aber nichts ausmacht und mich lediglich dazu zwingt, hier anzuhalten. Überall sind Menschen vor ihren Hütten am Schaffen, Frauen am Waschen, Männer bei der Vieh- und Feldarbeit, während die Kinder fröhlich mitmischen, sich mit ihren zusammen geschusterten Mopeds Wettrennen im stinkenden Schneckentempo liefern und mich auf ihren Bonanza-Rädern Marke Eigenbau umzingeln. Kühe, Ziegen, Hühner, Schafe, Pferdefuhrwerke ...

„Where are you from? What's your name?" An allen Ecken wird gewunken, und es blicken mir die gleichen freundlichen wie interessierten Gesichter entgegen. Mir scheint, hier ist Albanien noch ganz bei sich. Wenngleich in der Schule längst Englisch gelehrt wird und sich damit endlich die Welt öffnet. Samuel, der frechste der Jungs, präsentiert mir voller Stolz sein „Schwimmbad", das sich sogleich als Nebenarm eines betonierten Bewässerungskanals erweist. Ferien hätten sie jetzt, „holiday", und sie wären ständig dabei, ihren „Swimmingpool" zu optimieren.

Dass ich aus Germany bin, gefällt ihnen. Sie kennen die Welt, blicken über den Tellerrand hinaus, wo bis 1991 an Albaniens Eisernem Vorhang das Ende der Scheibe erreicht war.

Diese Zeit jedoch kennen sie nur noch aus den Erzählungen und aus dem Geschichtsunterricht. Längst hat Albanien sein Gesicht gewandelt. Es kommt etwas Neues in Gang, etwas, das sich Tourismus nennt. Mit dem zornfreien Blick zurück auf die düstere Vergangenheit dieses Landes, fangen die Albaner langsam an, mit ihrer Geschichte zu kokettieren. In Souvenirläden werden kleine Alabaster-Aschenbecher oder -Stiftehalter in Bunkerform verkauft. Dazu das grinsende Konterfei des Diktators auf der Kaffeetasse: und fertig ist der Kommunismus im Kleinen für den heimischen Schreibtisch.

Aber ich will ja nur nach dem Weg zur Brücke fragen …

„Asfalti", und immer wieder „Asfalti", versucht mir der alte Mann zu erklären. Deutet in eine Richtung und beschreibt mit seiner Hand eine Kurvenlinie. Dabei schüttelt er ständig und vehement den Kopf. Zum Glück bin ich, dank unseres Notfall-Büchleins, gut vorbereitet auf dieses Land und weiß, dass Kopfschütteln „ja" bedeutet und Nicken „nein". Und dass „jo" nein heißt und „po" ja. Mit aller Ehrfurcht, die er in seinen Blick nur legen kann, schaut er mich an.

„Po! Asfalti!", kapiere ich endlich, klopfe mir an die Stirn und zeige mich schnurstracks ebenfalls verwundert, mit nicht minder demütigem Blick auf die geteerte Straße. Zum Abschied reicht mir der alte Mann die Hand, ich halte sie für ein paar Sekunden fest – diesen Eindruck jedoch ein ganzes Leben lang. Eine Hand, die gezeichnet ist von einem Leben voller Entbehrungen, voller Not, Unterdrückung und viel, viel harter Arbeit. Von all dem verstehe ich vergleichsweise nichts, dennoch verstehen wir uns bestens.

Und es gibt sie also doch, die kleinen Teersträßchen auf dem Land! Seit Neuestem. Was muss das für ein Fortschritt für die

Menschen sein, die sich plötzlich in überschaubarer Zeit von A nach B bewegen können. Wo es doch bisher nichts gab, außer Bunker, Bunker und nochmals Bunker. Denn mit dem Straßenbau hatte es der große Diktator nicht so. Viel scheinen die vogelfreien Adlersöhne indes mit dieser neuen Freiheit noch nicht anfangen zu können. Die Buben auf ihren „friesierten" Mopeds schaffe ich mit meinem Bike locker; den mich begleitenden Kindern geht auf ihren „Göppeln" bald die Puste aus, und das Pferd vorm riesigen Heuwagen ist beim Antreiben des Kutschers ebenfalls nicht auf den „Asfalti" eingestellt.

Der hört dann auch bald schon wieder auf, weil die „Straße" durch ein Flußbett führt … Auf der anderen Seite wird aber gearbeitet. Und zum ersten mal sehe ich heute doch tatsächlich einen albanischen Vermessungstrupp!

Ach so, die Brücke: Beeindruckend! Die Kulisse grandios. Historisch eine echte Landmarke. Von geschichtsträchtigem Mehrwert und so weiter. Alles schön und gut. Aber nichts gegen den Weg dort hin. Mit all seinen Verzweigungen, Begegnungen, Umwegen, Erfahrungen, Erkenntnissen.

Shkon!

———————— ✦ ————————

„Shkon" ist die Universalformel für Schnaps und heißt ungefähr so viel, wie „Einer geht noch!". Behauptet zumindest Bine in unserem Notfall-Büchle. Und das Nationalgetränk heißt Raki, wird von jedem selbst gebrannt und brennt gehörig in der Kehle. Hat man sich aber erst mal an dieses Zeug gewöhnt, geht das runter wie Öl.

Bereits morgens um halb elf werden wir auf dem kleinen Kahn am Anleger der Koman-Fähre mit dem Hochprozentigen begrüßt. Unsere heutige Etappe soll per Boot den Koman-Stausee entlang führen. Man stelle sich vor, dass dies bis 2004 (bis die neue Kosovo-Autobahn nach Kukës fertiggestellt war) die einzige Möglichkeit war, ins Kosovo zu gelangen. War man erst einmal in Koman mitten in den Bergen am Fähranleger angekommen (was sicherlich nicht jedem gelungen ist und einige Viecher und Menschen ihr Leben auf der Strecke lassen mussten, wovon immer wieder Tafeln am Wegesrand zeugen), führte die Wasserstraße über mehr als 30 Kilometer durch tiefe Schluchten und eine Bergwelt, die nach wie vor schier unerreichbar ist.

Was das hieß, erleben wir schon auf der abenteuerlichen Strecke zum Fähranleger. Über zwei Stunden dauert die Fahrt über die holperige Piste, vorbei an ausgedehnten Wasserflächen, Flussarmen und immer wieder Staumauern. In Zeiten des kommunistischen Regimes unter Enver Hoxha, als China noch Staatsfreund Nummer eins war, wurde mit dessen Hilfe dieses gigantische Werk errichtet, das in seiner Summe heute noch zu 70 Prozent die Stromversorgung ganz Albaniens sichert.

Nachdem uns der Mercedes-Bus in waghalsigem Tempo und nicht minder verwegenem Fahrstil erfolgreich an Land gespuckt hat, steigen wir um auf's Boot.

Bereits auf der Fahrt dorthin werden wir bestens unterhalten, und jetzt sitzt mit uns im selben Boot dieses ältere Paar aus Niederbayern.

„Muaß denn etza der so foah'n? An hoiben Medda meah, und dann dat's boss'n."

„Etz loss eahn hoid foah'n, wia er wui."

„Etza miassad der doch links obbiag'n. Wieso foahd denn der do ned ähne?"

„Oiso des Oibonien is jo scho schee, wenn's bloß a bissl ondears foah'n dat'n. Und net überoi an Müi fuat schmässen dat'n."

Das geht wirklich so die ganze Zeit! Dabei klingt „sie" immer wie die „Löffler Irmgard", alias Gisela Schneeberger.

„Do! Schau her!", ruft sie nach jeder zweiten Kurve. „Do wogst sogoa an Lavendl." Insgeheim nenne ich die beiden nur noch Gisela und Gerhard. Denn das ist hier noch besser, als im Film. Man spricht also deutsch.

Woran man die Deutschen erkennt? Genau! An den Teva-Sandalen. Eigentlich das Schlimmste, was sich im Outdoor-Sektor finden lässt und für jeden einigermaßen Modebewussten eine Zumutung darstellt. Es sind sechzehn Sandalen an Bord. Allein acht davon zieren unsere Füße. Ja, ich geb's zu, auch wir gehören zu den Vertretern dieses Gummi- und Neopren-Kults. Praktisch sind sie allemal, haben uns auch schon viele gute Dienste erwiesen. Und das tun sie auch heute wieder.

Die Fahrt über den Koman-See erweist sich schon zu Beginn als eindrucksvolles Erlebnis. Türkisfarbenes Wasser, das je nach Lichteinfall immer wieder seine Farbe wechselt, Felsen, die sich immer näher kommen und ein Landschaftsszenario, das sich nach jeder Biege verändert. Immer höher recken sich die Berge gen Himmel; und ganz hinten, hinter den gezackten Gipfeln, muss wohl irgendwo das Kosovo sein.

Dazwischen immer wieder mal ein Steinhaus am steilen Berghang, eine Alm, die nur vom Wasser aus zugänglich ist. Was muss das für die Menschen heißen, hier zu leben und diesem Leben Tag für Tag die Früchte der mühsam zu beackernden Erde abzuringen? Und jetzt haben wir Sommer … Was aber, wenn Winter herrscht?

Endlich Badepause im glasklaren Wasser, das mit jedem Kilometer in den Shala-Canyon hinein immer kälter wird. Da, wo wir an Land gehen, sind's ungefähr noch 13 Grad.

Irgendwann erreichen wir das Wohnhaus des Bootsbetreibers Mario, der hier mit seiner Familie in einfachsten Verhältnissen lebt und so deren Lebensunterhalt sichert. Ein kleines „Guesthouse" mit acht Schlafplätzen hätten sie noch. Vom Großvater erbaut, ist dieses traditionelle albanische Steinhaus überaus charmant, sofern man das einfache Leben liebt und sich als konsumkranker Großstadtmüder den Luxus der Einfachheit dieser Herberge als Feriengast gönnen will.

Wir haben echt gut reden, muss man doch in der Buchinger Klinik viel Geld dafür bezahlen, um nichts zu bekommen. Diese Menschen hier haben fast nichts, aber wir bekommen alles. Zwanzig Euro kostet die Nacht mit Vollpension bis zum nächsten Nachmittag. Was Vollpension und Gastfreundschaft hier heißt, erleben wir beim gemeinsamen Mittagessen. Traditionelle albanische Gerichte, am Holzfeuer in einer Küche zubereitet, wie ich sie zuvor noch nie gesehen habe. Es gibt, was die Erde hergibt. Tomaten, Gurken, Zwiebeln, Kartoffeln, Bohnen. Selbstgemachten Schafskäse, Joghurt, gebratenes Fleisch (vermutlich Lamm oder Ziege), am offenen Feuer gebackenes Brot, albanischen Eintopf.

Der kleine Bub unseres „Kapitäns" sitzt in Windeln mit einem Schälchen Bohneneintopf im Hauseingang auf dem kahlen Steinboden, dem seine lange Geschichte, anders als dem kindlichen „Besitzer", buchstäblich in den tiefen Furchen geschrieben steht. Was neben das Schälchen fällt, wird einfach wieder reingelöffelt. Mit großen Augen schaut der Kleine aus seinem dreckigen Gesichtchen auf. Ein Bild, das mir so schnell nicht wieder aus dem Kopf geht. Ich mache ein Foto.

„Mama, das darfst Du nicht!", ruft Marlene entsetzt. „Das ist doch kein Tier, das man einfach so fotografieren kann."

Das sitzt. Und ich glaube, sie hat recht, gleichzeitig frage ich mich, wo sind denn die Grenzen des ethisch Vertretbaren? Gehe ich manchmal zu weit? Der kleine Bub strahlt mich an vom steinigen Boden seiner ärmlichen Behausung. Weiß nichts davon, dass ich und alle anderen das einfach süß und so „ursprünglich" finden. Aber was tue ich? Auf den Auslöser drücken, um ein weiteres nettes Urlaubsfoto mit nach Hause, in mein komfortables Leben zu nehmen.

Auf der Rückfahrt denke ich noch lange darüber nach, komme aber zu keinem versöhnlichen Schluss.

Am Ende dieses Schiffsabenteuers sind alle erschöpft. Henry, der kleine Engländer, der mit seinen Eltern noch bis nach Griechenland reisen soll, brüllt wie am Spieß, weil er schlichtweg hundemüde ist und aufgrund des ganzen Trubels und der vielen Eindrücke einfach nicht in den Schlaf findet.

„Etz gebd's eahm hoid amoi an Raki", hat Gerhard schnell die Paradelösung bereit.

Dass Henry zum Glück gleich darauf die Augen schließt und an Mamas Schulter einschläft, lässt uns umso mehr übrig.

Shkon!

Der Hannoveraner

Abends unterhält man sich über die aufregenden Tagesereignisse, jeder mit jedem, und auch der kühle Norddeutsche, von dem ich keinen Namen weiß, mischt bald mit. Menschen, die mir wenig sympathisch sind, frage ich gar nicht erst nach dem Namen. Was über Sympathie entscheidet? Das sind wohl die ersten Sekunden einer jeden Begegnung. Gestik, Mimik, Stimmlage und Worte, die mir nicht gefallen.

Alles sei hier blöd. Das Wasser zu warm und zu algig. Der Straßenrand vermüllt. Der Platz hier in der absoluten Pampa, wo aber auch gar nichts geboten ist.

„Wir fahren morgen runter in den Süden. Da ist es hoffentlich besser." Über den Logara-Pass zunächst nach Vlora, dann Himara, Saranda, Butrint. Zurück über Mazedonien will er.

„Wie viel Zeit habt ihr denn noch?", frage ich vorsichtig.

„Nächste Woche müssen wir wieder daheim sein."

„Aha. Na dann gebt mal richtig Gas!"

Was gewiss mit dem kleinen Pössl-Wohnmobil kein Problem darstellt, sofern es die Straßenverhältnisse erlauben. Und wir wissen, wovon wir reden, wenn von albanischen „Autobahnen", vor allem aber von Abkürzungen, die Rede ist.

Den Typ bald vergessen, steht er nun heute Abend plötzlich neben mir bei Gerhard und Gisela am Wohnmobil.

„Ihr seid ja noch hier! Habt ihr's euch doch noch anders überlegt?", frage ich verwundert, und schon setzt der Hannoveraner an, auf meiner Sympathie-Skala ein wenig zu steigen.

„*Wieder* hier!", betont er ernst. „Wir wollen hier nur noch einmal übernachten, bevor wir morgen nach Hause fahren."

Wupp! Und damit ist er direkt durchgefallen! Ob's denn schön war im Süden? Wie die Landschaft ist und erst die Menschen? Da gäbe es doch gewiss Unterschiede zu den Nordalbanern (wie auch von den Norddeutschen zu den Schwaben).

„Kannste alles knicken!"

In Vlora sei die Straße aufgrund von Überflutungen gesperrt gewesen, der Logara-Pass eine Enttäuschung, die Fahrerei und die Straßen eine reine Zumutung. Himara hätte man dann auch schnell gesehen. Und Saranda? „Na ja, das Meer war schon schön." Aber die ganze Strecke bis da runter gäbe rein gar nichts her. Alles links und rechts der Autobahn sei vermüllt. Und sämtliche Käffer auf der Strecke könne man sich ohnehin sparen.

Dass das Meer schön ist, ist bestimmt kein Geheimtipp. Aber muss man dafür so weit fahren, wenn man nichts anderes will? Eigentlich tut mir der Typ leid. Der ist gewiss ein ganzes Leben lang von dieser Unruhe getrieben, kann keine Sekunde seine Spur verlassen. So, wie wir es tun, indem wir einfach die Autobahn verlassen. Dass unmittelbar neben den rostigen Leitplanken nicht gerade das albanische Arkadien zu finden ist, hätten auch wir ihm sagen können. Aber dann kommt so einer von einer Reise nach Hause zurück und erzählt davon. Erlebt indes hat er nichts, und von dem Land und seinen gastfreundlichen Menschen ebenso wenig erfahren, geschweige denn, überhaupt etwas verstanden.

Während wir die Menschen jenseits des Asfalti kennengelernt haben. Und so entstehen dann Vorurteile.

Hotel Kulla

THETH, AL, 21. AUGUST 2015

Das erste mal. Es fühlt sich komisch an und wir kommen uns fast ein bisschen wie Verräter vor. Wir lassen unseren Wohnwagen über Nacht alleine zurück. Die Tour in die Albanischen Alpen, genauer gesagt nach Theth, das weltabgeschiedenste Hochtal, das man sich nur vorstellen kann, ist an einem Tag kaum zu machen. Da wollen wir aber hin. Und um überhaupt erst dorthin zu kommen, erfordert es einiges an Aufwand. Um acht Uhr morgens verabschieden wir uns von unserem Wohnwagen, der übrigens noch nie eine Nacht alleine verbracht hat, außer in seinem Stall in Ahausen.

Schon die Fahrt ins Theth-Tal ist mehr als abenteuerlich, und ich bin froh, dass ich in unserem Offroad-tauglichen Bus nicht ganz vorne sitze und somit nicht immer nach unten sehen muss. Nach gut drei Stunden erreichen wir schließlich diese fruchtbare Hochebene in den Albanischen Alpen; im Haus von Familie Berishta werden wir empfangen.

„Oh, ist das toll hier im Hotel", lässt Ida ihrer Begeisterung freien Lauf. Dass das gar kein Hotel sei, sondern lediglich ein altes traditonelles albanisches Steinhaus mitten in der Wildnis, das macht ihr überhaupt nichts aus.

„Und schau mal, der alte Holzboden und die windschiefen

Betten; und mein Bett steht direkt unter dem kleinen Fenster. Mama, das gefällt mir! Da sehe ich über's ganze Tal bis auf die Bergspitzen. Warum kann denn nicht schon Nacht sein …"

Aber jetzt ist erst mal Tag, und es kümmert uns wenig, wer zuvor alles in diesen Betten geschlafen hat und deren Decken wohl selten eine Waschmaschine von innen erleben dürfen. Und auch nicht das Bad, das man nur so nennt, damit dieser Raum einen Namen hat und mein jüngst in meinen Wortschatz aufgenommenes Wort seine Daseinsberechtigung …

Einst von Blutrache-Fehden bestimmt, strahlt dieses Tal nach wie vor die Urgewalt des entbehrungsvollen Lebens am Rande der Existenz aus. Voll archaischer Anmut erzählen die mancherorts in sich zusammengefallenen Mauern die aufwühlende Geschichte eines Landes, das sich in seinen entrückten Gebieten jeglicher Gesetzgebung entziehen konnte, um durch einen eigenen Gesetzeskodex dieses buchstäbliche Leben am Limit zu sichern.

„Kanun" hieß dieses Instrument der zwischenmenschlichen Ordnung. Ein jahrhundertealtes Gesetz der Bergvölker, gegen das bis in die heutige Zeit keine Staatsgewalt ankommt. Immer wieder brechen Blutfehden aus, die einst über Jahrhunderte ganze Familienzweige auslöschten. Über sieben Generationen reicht dieses „Recht der Vergeltung".

Und dann stehen wir davor: Vor dem Kulla, dem Blutturm von Theth. Der Anblick der wuchtigen Holztür kommt uns bekannt vor, stellt dieses Motiv doch das Hintergrundbild unseres Blogs dar, welches ich im Internet gefunden habe und mir die verschlossene Tür Sinnbild für unsere Reise war.

„Wow, das dachte ich nicht, dass ich je hier stehen würde", zeigt sich sogar Jörg sichtlich bewegt.

Anders als der Turm von Orosh, der „Blutnehmer" über Jahrzehnte hinter seinen fensterlosen Mauern vor dem sicheren Tod bewahrte, nicht aber vor dem sicheren Erblinden, diente dieser Turm den Männern, die „im Blut" standen, lediglich als 15-tägiger Unterschlupf auf ihrem harten Weg zwischen Verstecken und der permanenten Angst, durch die Kugel des nächsten, auf den das bittere Los des Rache-Nehmers fällt, getötet zu werden. Ein grausames Gesetz, wenngleich in seiner Weiterführung ein überlebensnotwendiges.

„Das Haus gehört zunächst Gott und dem Gast", beschreibt ein weiterer Teil des Kanun das Gastrecht, welches wir am eigenen Leibe erfahren dürfen und übrigens auch den „Blutnehmern" zusteht. (Von Ismail Kadare im Roman „Der zerrissene April" in einer sprachlichen Urgewalt beschrieben, die es unmöglich macht, das Buch aus der Hand zu legen, bevor nicht die letzte Seite erreicht). Hat man erst einmal die Schwelle eines Hauses übertreten, tut der Gastgeber alles, damit das Wohlergehen seines „Schützlings" sicher gestellt ist.

Diese Gastfreundschaft erleben wir immer wieder, es wird aufgetischt, was der Garten und die Landwirtschaft hergibt, es wird umsorgt und wir sind, solange wir uns auf Grund und Boden des Gastgebers befinden, unter seinen sicheren Schutzmantel gestellt.

Auf dem Weg zum Pass ins Valbona-Tal begegnen wir am nächsten morgen wieder den beiden Wanderern, die gestern Abend am Ende ihrer Kräfte schienen. Irgendwo auf halber Höhe passieren wir auf einer Lichtung ihr kleines Zeltchen, das sie gerade im Begriff sind, abzubauen und die kleine blau-gelbe Flagge einzuholen. Später, bereits bergab, denn die Tour ins Valbona-Tal schaffen wir heute nicht, kommen sie uns entgegen. Aus der Ukraine seien sie und seit Tagen unterwegs. Über Bosnien, Montenegro, Vermosh, Theth ... und nun eben über den Pass hinunter ins Valbona-Tal, um in zwei Tagen ins Kosovo zu gelangen. Der Rucksack scheint mir viel zu groß für dieses zarte Geschöpf. Voll zielsicherem Optimismus lacht sie mich an, verweist auf die ukrainische Flagge, die sie an ihrem Rucksack trägt. Die solle jede Nacht an einem anderen Ort in diesen wilden Bergen an ihrem Zelt wehen und sie behüten. Vor Bären, Wölfen und anderem Unbill.

Als wir uns good Luck und gute Reise wünschen, bin ich fast ein bisschen neidisch. Wie muss es sein, tage-, wochenlang durch diese Berge zu wandern, jede Nacht einen neuen Lagerplatz zu suchen? Und wie dunkel muss es in diesen Nächten sein? Wahrscheinlich wäre ich ein viel zu großer Schisshase. Wenngleich hier an jeder Ecke und an jedem Zaun „Camping" zu lesen steht. Denn es leben Menschen in diesem Tal, das von der Welt vergessen scheint und im Winter nicht erreichbar ist. Bei diesen Menschen kann man zu jeder Zeit sein Zelt aufschlagen; Wohnwagen sind allerdings ausgeschlossen, denn die kommen hier einfach nicht hin!

Immer wieder trifft man auf Schafherden, Kühe, Ziegen. Beim Aufstieg überholt uns eine Pferde-Karawane, die das Gepäck einiger Luxus-Wanderer auf dem Fernwanderweg „Peaks of the Balkan" über den Pass ins Valbona-Tal hinunter bringt.

Es sei den Albanern zu wünschen, dass sie den Weg des moderaten Tourismus' einschlagen. Das würde ihnen auf die Beine helfen. Denn es liegt hier noch einiges im Argen. Es scheint aber, sie sind auf dem richtigen Weg. Die neuen Häuser, die hier gebaut werden, fügen sich harmonisch in den archaischen Stil der alten Gemäuer und Kullas ein. Die Bauweise ist immer noch ein und dieselbe. Das Guesthouse-Projekt, das von der Deutschen Gesellschaft für Technische Zusammenarbeit (GTZ) gefördert wird, scheint Erfolg zu versprechen. Bleibt nur zu hoffen, dass den Adlersöhnen auf der Passhöhe, am Qafe e Thores, endgültig der Asfalti ausgeht. Denn sonst wäre es ein viel zu Leichtes, in diese andere, (fast) vergessene Welt zu gelangen.

Friedbert und Roxana und die beiden Mädels sind am nächsten Abend wieder zurück. Aus dem Süden, aus Mazedonien, mit vielen neuen Eindrücken, einer verbrachten Nacht vor der mazedonischen Polizeistation und einem Wohnmobil-Außenspiegel weniger. Aber was soll's? Kolatteralschäden gehören zu so einer Reise dazu. Und morgen wollen sie nach Theth. Sie glauben, dies in einem Tag „abhaken" zu können.

„Nein", weiß Ida bestimmt.

„Ihr müsst da unbedingt in unserem Hotel übernachten." Und dann am Lagerfeuer sitzend die Sichel das Mondes beobachten, wie sie zusammen mit Saturn am sternenklaren Himmel hinter den Bergen versinkt.

Und das Geräusch aus der Ferne, das *muss* dann einach das Heulen eines Wolfes sein …

Alm- und Volks-Wirtschaft

——————— ✹ ———————

So hart das Leben in den Bergen ist, so groß ist die Bedeutung der Berge für den Tourismus. Auch die Albanischen Alpen. Was noch von Bedeutung ist? Klar, die Kühe, die Schafe, die Kulisse, wie etwa die Wolken um ihre mächtigen Köpfe und Hörner. Und Wettergeister und Zanen, die Feen des nordalbanischen Hochlandes, die nachts zum Vorschein kommen und tagsüber den Tourismus beflügeln sollen.

Was jetzt aber zum Vorschein kommt, sind keine beflügelnden Feen, sondern bösartige Wetterhexen. Schon am Morgen türmen sich gewaltige Blumenkohlwolken hinter den Gipfeln auf. Und gegen Mittag tut sich die Sonne immer schwerer, das dunkle Gewölk zu durchbrechen. Schließlich bricht alles aus den Wolken hervor, was an Wasserdampf die letzten Tage nach oben gestiegen ist. Wir sehen die schwarze und furchteinflösende Regenfront direkt auf uns zu kommen. Jetzt heißt's nur noch: Beine in die Hand nehmen und rennen. Wohin? Erst mal einfach drauf los und vor dem Regen weg!

„Da! Da steht eine Tür offen!", rufe ich gegen den Wind. Ob wir reinkommen dürften, um uns vor dem Unwetter in Sicherheit zu bringen, frage ich auf Englisch. Denn das ist glücklicherweise die Sprache, die alle Nationen vereint; und auch Albanien verständigt sich längst auf internationaler Ebene.

Begrüßt mit einem herzlichen „Welcome!", werden uns Stühle angeboten, die zwar alle noch auf den Tischen stehen, denn scheinbar ist die Wirtschaft noch geschlossen, aber wir nehmen dankbar dieses Angebot an. Es ist Mittag, wir sind seit Stunden zu Fuß in den Bergen unterwegs. Und haben einfach tierischen Hunger, aber keine Brotzeit im Rucksack.

Ob wir vielleicht eine Kleinigkeit zu essen bekommen könnten, frage ich vorsichtig nach.

„Oh yes, I can bring some vegetables, homemade cheese, olives, green tomatoes, pancakes with marmelade, fresh bread –", setzt der Gastwirt an, um das ganze Register seines Gemüsegartens und Vorratsspeichers zu ziehen. Ob wir gerne auch Suppe dazu haben möchten?

Noch bevor ich „psssst" sagen und meinen Fuß sachte aber deutlich auf einen Kinderfuß drücken kann, denn das wird uns langsam schon peinlich, ist Ida sofort bei der Sache:

„Au ja!"

Jetzt ist's raus, und wir hören uns bei solchem Angebot dann alle nicht nein sagen. Und warten einfach mal ab, was folgt.

Sie sind also zu zweit am Schaffen. Der eine in der Küche, der andere im Backhaus nebenan. Und dann staunen wir nur noch, was diese beiden Männer alles auftischen. Der Käse sieht aus, als ob er ganz frisch gemacht wäre, man sieht noch das Muster des Tuches vom Ausdrücken; und die Suppe, wie wir sie längst in Albanien kennen und für uns wohl immer die beste Suppe der Welt bleiben wird, dampft verheißungsvoll.

„Oh, schau mal, die kleinen Pfannkuchen", ruft Marlene begeistert. Dazu gibt's frische Feigenmarmelade. Wir staunen und freuen uns einfach riesig über dieses Gastmahl.

„Fiige-Gomfi!", zeigt unser albanischer Gastwirt auf das Schälchen mit der Feigen-Konfitüre und lacht. Längst hat er herausgehört, aus welchem Land wir sind und beschlossen, dass englisch jetzt irgendwie blöd sei, wenn doch alle deutsch sprechen. Oder vielmehr schwiizerdütsch.

In Luzern sei er lange Zeit zum Arbeiten gewesen und hätte dort relativ schnell die Sprache gelernt. Klingt irgendwie lustig, sein albanisch-schweizer Dialekt. Irgendwann wollte er aber wieder zurück nach Albanien, sein eigener Herr sein, in diesem Haus, das immer schon im Besitze der Familie Shpella war. Jetzt ist er Hausherr in diesem Guesthouse, wovon es sich leben lässt.

In der Gaststube nebenan setzt sich ein älteres Paar an den Tisch, nimmt zwei Stühle runter. Mir schwant, dass sich das mit der Ruhe bis zum Abend wohl erledigt haben muss. Noch herrscht aber eine wundersame Stille. Die beiden tragen merkwürdige Gewänder und merkwürdige Haartrachten. Als sie zu noch merkwürdigeren Gesängen anstimmen, sich dabei an den Händen halten und verzückt in ein abgegriffenes Büchlein starren, müssen wir wohl nicht minder verwundert drein schauen. Wer die beiden denn seien, frage ich neugierig unseren Wirt, Gjon Shpella. „Israeli". Seien schon ein paar Tage bei ihm zu Gast: „Auch für mich ist das ganz fremd, ich weiß nicht, was die beiden singen. Aber ich finde das sehr spannend und schön, wie viele Nationen oft hier unter einem Dach wohnen und sich an diesem Ort begegnen." Unter *seinem* Dach. Unser Gastwirt überrascht mich immer mehr.

Das Volk der Albaner scheint in der Tat ein sehr weltoffenes und tolerantes Volk zu sein. Wenngleich sich diese große weite Welt noch gar nicht so lange für sie geöffnet hat, öffnen sie sich. Wie es den Eindruck erweckt, für alles und jeden.

„Den Bodensee kenne ich gut", fügt er seiner Europaerfahrung bei. Die verruchte Dame in der Konstanzer Hafeneinfahrt gefiele ihm besonders, den Namen hätte er nur vergessen.

„Die Imperia?"

„Ja, genau die!"

Ich glaub's ja nicht! Wir befinden uns hier gefühlt am Ende der Welt, und er erzählt mir von seinem Bruder Angeljin, der mit Frau und Kindern in Konstanz lebt und im Tourismus arbeitet. Richtig lustig wird's aber erst, als ich ihm erzähle, dass auch ich in Konstanz „irgendwas mit Tourismus" mache.

„Wie klein die Welt doch ist", freut sich nicht nur Gjon Shpella, sondern wir alle, lassen das aber einfach mal so stehen und sitzen noch eine ganze Weile kopfschüttelnd am Tisch.

Denn ja!, das Volk der Albaner ist meines Erachtens auf dem richtigen Weg. Es kann doch nur einem Irrweg gleichkommen, seine Heimat zu verlassen, weil irgendwo in der Fremde das gelobte Land eine verheißungsvolle Zukunft verspricht. Der richtige Weg sollte doch im eigenen Land zu finden sein. Auch wenn die Straßen und Landkarten noch nicht so recht kongruent sind und die Wirtschaftslage auf tönernen Füßen steht, so passen immerhin die neuen Fördermaßnahmen der GTZ zu diesem Land und seinen Menschen. Bis jetzt nur ein Tropfen auf den heißen Stein. Aber immerhin ein Anfang. Nur so kann dem Volk hier geholfen werden. Das Guesthous-Projekt in Theth ist bestes Beispiel dafür. Und der Tourismus für Albanien der stärkste Wirtschaftsfaktor.

Irgendwann wird's Zeit, zu gehen. Auch das Gewitter hat sich längst verzogen, allerdings rauscht etwas anderes an. Es wird laut. „Das ist meine ganze Familie. Aus Californien, aus Tirana, aus Shkodra. Sie wollen hier zusammen ein paar ruhige Ferientage verbringen." Ich muss schmunzeln. Gjon Shpella hat also weiterhin alle Hände voll zu tun.

Bleibt ihm zu wünschen, dass das auch in Zukunft so sein wird. Es klingt vielversprechend.

Mirupafschim!

ULCINJ, MNE, 23. AUGUST 2015

Das Abenteuer „Albanien" ist zu Ende. Nach zehn Tagen am Liqeni i Shkodrës, beschließen wir, weiterzuziehen, weiter wieder in Richtung Montenegro. Nur eben nicht durch die Berge, sondern an der Küste entlang.

Es fällt schwer, dieses Land, mehr noch, diese Menschen zu verlassen. Noch nie habe ich in so kurzer Zeit so viele Hände geschüttelt und gehalten, noch nie zuvor habe ich so viel unvoreingenommene Herzlichkeit und Gastfreundschaft erfahren. Das Land der Skipetaren ist ein merkwürdiges Land, ein Land voller Gegensätze, wie sie größer nicht sein könnten. Da sind auf der einen Seite die wohlhabenden Albaner, die sich große Häuser und noch größere Autos leisten können. Auf der anderen Seite gibt es hier so viel Armut, wie sie mir zuvor noch nie begegnet ist. In erbärmlicher Kleidung suchen Menschen im Müll nach allem, was irgendwie verwertbar oder essbar ist. Streunende Straßenhunde tun's ihnen gleich. Bretterbuden bilden mancherorts nicht einmal ein notdürftiges Dach überm Kopf. Es ist eben doch das Armenhaus Europas!

Auch das gehört zum alltäglichen Bild. Wie überhaupt der ganze Müll. Und das scheint mit eines der größten Probleme zu sein, das dieses Land hat. Es gibt in ganz Albanien nur zwei Müllverbrennungsanlage, außerdem wird noch Müll importiert.

85

Denn das bringt ein bisschen Geld. Und wo es ohnehin schon vermüllt ist, kommt es auf noch mehr Müll nicht an. Immer wieder steht eine Müllhalde in Flammen, hier und da werden alte Autoreifen kleingehäxelt und angezündet. Wo selbst gebrannt wird, wird auch selbst *ver*brannt. Das wird wohl noch Jahrzehnte dauern, bis dieses Problem endlich in Griff zu bekommen ist.

Nichtsdestotrotz ist es ein Land, das völlig verkannt ist, das mit unglaublichen Naturschätzen und -wundern aufwartet. Und bevölkert ist von Menschen, die trotz ihrer Armut alles geben, ohne irgend etwas zu nehmen. Erstaunlicherweise habe ich mich noch nie sicherer gefühlt, noch nie größeres Vertrauen in die Redlichkeit der Menschen gehegt (ganz anders zu unseren unzähligen Urlauben in Südfrankreich). Fahrradschloss? Fehlanzeige. Wohnwagentür nachts zumachen? Da wär's viel zu stickig. Handys, iPads und Geldbörse draußen rumliegen lassen – kein Thema. Blonde Kinder alleine lassen? Dafür hätten wir in unserem Notfall-Büchle sogar den passenden Satz gefunden: „Femijet nuk mund te shkembehen." „Kinder sind vom Umtausch ausgeschlossen." ;-)

Aber mal ganz im Ernst: Vorurteile sind das Schlimmste, womit man über ein Land und sein Volk richten kann.

Jetzt sind wir also weitergezogen über die Grenze bei Muriqan. Der Grenzübertritt verlief ungefähr so unspektakulär wie von Konstanz nach Kreuzlingen, und auch, was die Mischung der Nationalitäten anbelangt, lassen sich hier sofort Parallelen finden. Was die Schweizer in Konstanz, sind an der gesamten Küste Montenegros die Russen. Aber hat man sich erst mal an dieses Bild der Autokennzeichen und der Fahrweise gewöhnt, arrangiert man sich irgendwie. Wenigstens sind, dank der Kosovaren und Serben, die ebenfalls hier ihre Ferien verbringen, die Preise noch nicht so versaut, wie in der Bodenseeregion.

Kitesurfen ist also angesagt. Wir befinden uns gleich hinter der albanischen Grenze, dem letzten Zipfel Montenegros, in Ulcinj, und Jörg endlich, nach über zwei Wochen Flaute oder einfach Mangels Möglichkeit, auf dem Wasser.

Und ich? Ich weiß gar nicht, was ich habe. Wir stehen in erster Reihe direkt am Sandstrand auf dem Camping Safari Beach (so sind wir übrigens noch nie gestanden, es trennt uns nichts vom Meer, außer einer Holzschwelle!), der Himmel so blau wie das Wasser, der Campingplatz wider Erwarten höchstens zur Hälfte voll, die unbestuhlte Badezone erstaunlich wenig überlaufen – wenn man bedenkt, wie die Strände von der Costa Brava über Canet Plage, Espiguette, Pamplonne oder von Ravenna über Rimini nach Bibbione und die gesamte Küste Istriens hinunter aussehen.

Und trotzdem ... Irgendwie scheint ein Teil von mir in den Bergen Albaniens geblieben zu sein. Bei den Menschen, die so anders sind, wenngleich hier ebenfalls jeder ungemein freundlich ist. Nach all der Ruhe rüttelt der Trubel am Strand an meinem inneren Gleichgewicht. Jetskis (was in meinen Augen das Unnützestes ist, das die Menschheit je erfunden hat!), übers Wasser preschende Bananen, Fallschirme, die von Booten hinter sich hergeschleift werden und den Denunzianten auf seinem luftigen Schleudersitz bedrohlich nahe über die Kiteschirme katapultiert; Pommesduft und Dönerluft ...

Werde ich langsam kauzig? Mensch! Solche Strände sind mir vertraut, und dieses Strandleben hat mir bisher immer großen Spaß gemacht (bis auf die Jetskis und die Bananen und die Fallschirme eben). Und dann noch so ein Stellplatz! Wird Zeit, dass ich wieder zurück in die Zivilisation finde. Oder?

Wenn ich weit genug ins Meer hinaus schwimme, sehe ich hinter dem großen Pinienwald nahe dem Strand die Alpet Shqipetare. Die Berge, die mich wohl mein ganzes Leben lang gefangen halten. Während meine Gedanken den Menschen gelten, ihrer düsteren Vergangenheit und hoffentlich einer farbenfrohen Zukunft. Menschen, die jeden in ihrem Land herzlich willkommen heißen.

Auf Wiedersehen!
Mirupafshim!

Gjergj Kastrioti Skanderbeg, der albanische Nationalheld ...

... und seine Wirkungstätte im 15. Jahrhundert, die Burg von Kruja

Ferienspiele auf albanisch. Die Kinder freuen sich, dass sie mir den Weg zeigen können

Ura e mesit, die bedeutendste und besterhaltene türkenzeitliche Brücke über den Kir

Trügerische Idylle am Koman-See. Das Haus ist nur übers Wasser zu erreichen

30 Kilometer nur Wasserstraße. Und ganz da hinten, da muss wohl das Kosovo sein

Während wir alle bei der Familie Molla fürstlich bewirtet werden ...

... wird in der Küche nebenan gekocht

Parkbucht an der Wasserstraße: Das kleine Boot von Mario Molla vor seinem Haus

Der Deutschen liebstes Schuhwerk: Teva-Sandalen (sind aber auch verdammt praktisch)

Abends zurück am Campingplatz am Shkodra-See

Theth, der Ort, an dem einst Bauern vor den Türken flohen, um ihren Glauben zu leben

Unser „Hotel" in weltabgeschiedener Alleinlage. Was ist schon Radisson dagegen?

Almwirtschaft in Theth

Der Blutturm von Theth

Nicht fünf Sterne, sondern fünf millionen. Schlafen unterm Sternenhimmel, Theth

Allein unter Wölfen. Wer je in dieser Wildnis genächtigt, will immer wieder dorthin zurück

Crisis? What Crisis?

---❦---

Langsam habe ich mich mit dem Strandleben angefreundet und damit begonnen, zwischen Baden und Chillen den letzten Zipfel Montenegros per Fahrrrad zu erkunden. Anders als in Albanien jedoch, radelt hier keiner. Weil das schlichtweg lebensgefährlich ist. Aber hat man sich erst mal durch das schier unüberschaubare Gewusel der Vorstadt durchgestrampelt, stellt man fest: diese Stadt ist anders. Und anders schön. Es ist laut, es ist bunt, es ist lebhaft. Der Balkan, wie er leibt und lebt. Und es ist aufregend, durch die vielen Sträßchen zu schlendern. Auch mit der Gefahr, von einem Auto überrollt zu werden.

Scheinbar schätzen die Montenegriner und die Serben und die Kosovaren das kollektive Badeerlebnis. Was wir aber an dem klitzekleinen Stadtstrand (Mali Plaza) erleben, entbehrt jeglicher Vorstellungskraft. Da ist kein Zentimeter Sand mehr zu sehen, sondern nur Sonnenschirm an Sonnenschirm. Darunter viel Fleisch, das frei nach dem Muffins-Prinzip aus Bikini- und Badehosen und diversen knapp bemessenen Oberteilen quillt. Die Farben changieren von Schneewittchenweiß (was als schützende Cremeschicht auf die der Sonne ausgesetzte Haut großzügig aufgetragen wird, meistens jedoch zu spät), bis zum Modell „Belgrader Grilltomate".

Weshalb die Exjugoslawen solches Strandverhalten an den

97

Tag legen, entzieht sich jedoch meiner Kenntnis. Umso mehr genießen wir „unseren" viele Kilometer langen Strand (den Velika Plaza), den wir mit nur Wenigen teilen.

Bei Döner und Bier lassen wir uns jedoch dieses Badespektakel nicht entgehen, und schauen dem munteren Treiben aus der Ferne zu. Immer wieder reihen sich zwischen die Schirme und Handtücher komplett verhüllte Frauen. Jörg nennt sie belustigt „die Pinguine". Richtig lustig wird's aber erst, wenn sich diese Pinguine in die Fluten stürzen – um anschließend in voller Montur wieder an Land zu watscheln.

Irgendwann um die Mittagszeit wird's dann auch richtig heiß, und wenigstens wir wollen uns unserer Klamotten entledigen. Auf das Kommando des synthetischen Muezzins, der dreimal täglich aus der scheppernden Büchse vom Minarett nasale Trällerlaute ausstößt, machen wir uns auf die Socken.

Langsam gewöhne ich mich an das Fremde, maule dem „Allah ex machina" noch eine Weile nach und komme zu dem Schluss, dass das fast an Nötigung grenzt und diese unzähligen Minarette irgendwie ein bisschen an Pershing II Raketen erinnern.

It's cool, man!

Ein weiteres mal sind die Kinder allein Zuhaus. Jörg möchte sich am Ende des ewig langen Strandes die besten Kite-Locations anschauen. Und ich mir den Weg dahin und den allerletzten Zipfel Montenegros, bevor die Bojana sich ganz von Albanien verabschiedet und friedlich ins Meer fließt.

Zum Kitesurfen muss man vor allem eins sein, und das mal drei: cool, cool und nochmals cool. Das hat Jörg wohl noch nicht richtig verstanden, und deshalb schauen wir's uns mal an, wie's gehen würde. Cool sind sie in der Tat, diese Strandbars und vor allem die Boys, die da rumhängen. In den Hängematten, in den improvisierten Schaukeln, in den Bretterbuden, und zum chilligen Sound der psychedelischen Musik wippen, dabei gekonnt ihre stylische Surferbuchse auf Halbmast halten, lässig ihr langes Haar schütteln und ihre Ziegenbärtchen stählen. Aber eigentlich nur darauf warten, dass endlich mehr Wind einsetzt. Das wird er heute, laut „Windguru", leider nicht mehr tun.

Jörg ist der einzige, der einen ausreichend großen, dafür nicht besonders angesagten Kiteschirm dabei hat und ein entsprechend großes Brett. Eine „Door", wie sie in Fachkreisen genannt wird, weil dieses Teil fast so groß ist, wie eine Klotür, und mindestens genauso uncool. Damit ist er der einzige, der an diesem Nachmittag auf dem Wasser ist. It's cool, man!

Längen- und Breitenmaße

— ❦ —

Noch ein Stück weiter führt uns unsere Radtour über die einspurige Brücke auf die Insel Ada Bojana. Erst einmal die Schranke dieses Naturparks samt seines gierigen Zerberus' passiert, verläuft der Weg schnurstracks durch die Wildnis bis an den Strand, wo sich ein FFK-Campingplatz befindet, der mit dem Charme seines ganzen sozialistischen Ensembles jeden Retro-Fan verzückt, allerdings seine besten Zeiten längst gesehen hat und im Dämmerschlaf wohl seinem Ende entgegen träumt.

Dennoch tummeln sich einige der harmlosen Nackigen auf diesem Gelände, und am Strand wird strengster Dress Code im umgekehrten Sinne eingefordert. Nein, wir haben keine Lust die Hüllen fallen zu lassen. Denn das muss man echt mögen!

Sauna ist das Eine, und für mich übers ganze Jahr eine wunderbare Weise, zu entspannen. Und nackt baden das Andere. Es gibt nichts Schöneres, als irgendwo in einer kleinen, versteckten Bucht hüllenlos ins Wasser zu springen. Aber FKK-Camping? Ich weiß nicht recht ... Ich stelle mir vor, man sitzt am Essen, und der redselige Nachbar von nebenan steht am Tisch und hängt sein Schmiederl schier in die Spaghetti ...

Auf dem Camping-Gelände befindet sich übrigens ein Tennisplatz. Nicht auszumalen, was da alles batschen kann ...

Zurück über die Brücke, die im Bogen über die zweigeteilte Bojana führt, erleben wir ein lustiges Schauspiel im Kräftemessen, wohlgemerkt im textilen Bereich. Um Haaresbreiten und Schwanzeslängen muss es wohl dennoch gehen. Eine Kolonne hat sich gebildet. Grund sind zwei sich entgegenkommende Autos auf der einspurigen Fahrbahn. Schnauze an Schnauze steht ein Kleinbus einem fetten Mercedes gegenüber. Wohlgemerkt hat der Kleinbus bereits fast das Ende der Brücke erreicht, muss also vom Taxi-Mercedes längst gesehen worden sein. Der Taxifahrer steht aufgebläht neben seiner Karre, während der Busfahrer noch relativ gelassen im Fond des Wagens sitzt. Schnell bildet sich eine Menschenmenge, und schnell schlussfolgere ich: Der Benz-Bulle will partout nicht zurücksetzen, weil ihn das wohl in seiner Männlichkeit beschneiden würde, oder worin auch immer. Es entspinnt sich ein lautstarker Dialog auf Serbisch, was ich leider nicht verstehe.

„Schnick, schnack, schnuck!", ruft eine deutsche Touristin, das wäre doch die Lösung.

Von wegen! Da wird nicht gelost, da heißt es: mit dem Kopf durch die Wand oder im Notfall durch die ganze Karosserie. Jetzt muss auch ich mich einmischen. Aha! Manche Wörter scheinen auf multilingualen Konsens zu treffen, und „Taxi" und „Idiot" scheint der Primat verstanden zu haben. Dann wird's richtig lustig, und gerade fängt es an, mir Spaß zu machen. Noch bevor ich mit den Fäusten auf meine Brust klopfen, gleichzeitig Uh-Uh-Uh-Laute ausstoßen und mit Daumen und Zeigefinger einen geschätzten Abstand von vier Zentimetern andeuten kann, zischt mich Jörg an: „Hör endlich auf, der geht gleich auf dich los! Lass uns verschwinden!"

Schließlich setzt der Bus samt der ganzen Autokolonne zurück und lässt den wild gestikulierenden Taxifahrer passieren.

Ob sich so Potenz beweisen lässt, das ist hier die Frage. Und wahre Größe ein anderer Maßstab ... Nur schade, dass durch diesen Deppen wieder einmal ein Klischee in einer Schublade abgelegt wird.

Kurz nach der Brücke überholt uns das Taxi, zum Glück fährt Jörg hinter mir und schmunzelt: „Der hätte dich sonst glatt umgefahren."

Camping auf Probe

Manchmal wäre ein Wohnmobil schon toll, sage ich mir insgeheim. Als Wohnwagen-Camper darf man das allerdings noch nicht mal denken, geschweige denn, laut aussprechen. Und trotzdem geistert dieser verbotene Gedanke von Zeit zu Zeit durch das Hirn eines jeden Gespann-Fahrers oder -Beifahrers.

„Damit würden wir wenigstens über den Logara-Pass in den Süden Albaniens kommen," äußere ich meine kleinlaute Vermutung Jörg gegenüber. Aber nein! Wir müssten ja mit unserem Long-Vehicle bei diesen engen Serpentinen reversieren, und dann hätten wir einfach nicht mehr ausreichend Schwung für diese Steigung. Da kämen wir niemals hoch! Mit diesem Auto. Sagt übrigens auch Klaus. Und der muss es ja wissen.

Nur ganz selten sind es diese verräterischen Gedanken, die hoffentlich unser alter Wohnwagen nicht lesen kann. Und kaum gedacht, habe ich sie auch schon wieder verworfen. Da braucht es noch nicht einmal solche Nachbarn, wie die unseren am Safari Beach.

Rimini steht auf dem Aufkleber. Von einem Wohnmobilverleih aus Rimini also! Wir hätten's uns ja gleich denken können, als wir (oder vielmehr ich) gestresst, genervt und ernüchtert hier am Meer gelandet sind. Hier gastieren Camper auf Probe! Ob das Schlauchboot im Weg sei, fragt uns die so anmutige wie zauberhafte Italienerin nebenan während unseres moverlosen, dafür umso kraftvolleren Einparkmanövers des Wohnwagens.

Nein! Das passe schon. Wir seien ja Profis. (Ha, ha! :-))

Wenig später kommt ihr Mann mit den Kindern aus dem Wasser. Nein, anders: Man könnte sich einbilden, der Meeresspiegel hat ein klein wenig abgenommen, und an Land bewegt sich ein gewaltiger aber durchaus freundlich dreinblickender Koloss, dessen vergleichsweise kleine Tentakeln zwei fuchtelnde Kinder unter seine Kontrolle zu bringen versuchen.

Erst schauen wir uns beide ungläubig an, dann immer wieder auf dieses putzige Szenario, das irgendwie an Humpty Dumpty im Kampf mit einem Krake erinnert. Und dann müssen wir einfach loslachen.

Ich weiß, das ist nicht korrekt, aber manchmal hilft Correctness auch nicht weiter. Und betroffen kann man nicht immer sein, sondern einfach auch mal belustigt. Denn das macht das Leben ungezwungener, auch wenn der Vergleich „leichter" hier hinkt :-) Ungezwungen geht's hier allemal zu.

„Enn-riiiiii-ke!", mehr verstehen wir leider nicht. Aber das dafür in den nächsten Tagen pausenlos. Nur alternierend noch mit „Pa-oooooo-lo!"

Wer je eine italienische Familie beim Camping akustisch erleben durfte, weiß, dass das in unmittelbarer Nachbarschft keine ruhigen Urlaubstage verspricht. Was uns aber gar nichts ausmacht. Im Gegenteil. Endlich einmal sind wir nicht die Lautesten! Allein das italienische Leih-Wohnmobil ist es, das Anlass zur „außergewöhnlichen" Unruhe gibt. Irgendwas muss im Busche sein.

„Wie kann man den Stauraum da unten so bepacken?!?", fragt sich Jörg bei einem spitzbübischen Blick unter die Betten.

„Die haben das zuvor wohl noch nie gemacht!"

Und dann, weil alles nicht da ist, wo es eigentlich hingehört, kriecht der kräftige Italiener tief in den „Keller" des Reimo. Ich muss wohl nicht beschreiben, was das für ein Bild abgibt. Man sieht nur noch die zappelnden Füße von Humpty Dumpty. Und das für ziemlich lange. Denn der kommt da nicht mehr raus!

Wieder prusten wir los.

Bald naht Hilfe. Der nette Müllmann und Junge für alles auf dem Campingplatz, Afri Ibrahimi, ist auch für jeden Camper rund um die Uhr da. Das Problem ist schnell erkannt: Der Abwassertank ist randvoll. Die Italiener wissen nicht, wie der zu entleeren ist, haben noch nicht einmal einen passenden Auffangbehälter an Bord. Es muss also improvisiert werden, ansonsten gibt's bald im Wohnmobil-Hauswirtschaftsraum eine Überschwemmung.

Ein leerer Kanister scheint die Lösung zu sein. Wenn oben eine Öffnung reingeschnitten wird, kann man den drunter legen und das Wasser ablassen (denn stellen geht nicht, dazu liegt das Womo einfach zu tief). Jetzt haben die italienischen „Camping-Experten" weder Werkzeug noch sonstige Ausrüstung dabei. Ich bin am Gemüserüsten und erkenne gleich, woran's mangelt: an einem scharfem Messer. Kochen muss also warten.

Es scheint sich um einen Speiseöl-Kanister zu handeln. Afri rutscht mit dem Messer ab, das aufgrund seiner stürmischen Vorgehensweise erst zirka zwei Zentimeter tief in seiner Wade zu stehen kommt. Sch...! Das Blut fließt. Alles sieht nicht gut aus! Sofort bin ich dabei, die Einstichstelle „fachmännisch" zu verarzten. Desinfektionsmittel, Kompressen, Verband. Haben wir als Profi-Camper stets an Bord. Und schließlich fühle ich mich irgendwie verantwortlich für das ganze Schlammassel. Hätte ich ihm bloß das Messer nicht gegeben ...

Man sieht's ihm an, er beißt die Zähne zusammen und säbelt

tapfer weiter am Kanister. Bis die Öffnung groß genug ist und er sich um das Abwasser der Italiener kümmern kann, das er Kanister für Kanister ablässt und Schubkarre für Schubkarre zur Entsorgungsstation fährt. Während die beiden verwundert zuschauen, und die wundersame Stille gelegentlich nur durch ein „Enn-riiiiii-ke!" jäh durchschnitten wird.

Am nächsten Morgen gibt Afri eine jämmerliche Figur ab. Er hinkt, ist kreidebleich.

„Du siehst nicht gut aus. Soll ich dich zum Arzt fahren?", frage ich, ernsthaft besorgt. Es ginge schon, er hätte zwar die ganze Nacht nicht geschlafen und ziemlich Fieber, aber er war schließlich 15 Jahre beim Militär, sei hart im Nehmen. Ein weiteres mal verarzte ich ihn notdürftig, desinfiziere und verpflastere. Die Wunde gefällt mir nicht. Ich mache mir Sorgen. Und Vorwürfe. Während bei den Italienern das Camping-Leben einfach weiter geht, und auch das Wasser wieder abfließt.

Nett sind sie, ohne Frage. Und irgendwie so unbeholfen. Und nun wollen sie morgen mit dem Leihmobil ins Durmitorgebirge weiterfahren. Ins Durmitor? Was wollen die da? Ich kann mir nicht vorstellen, dass diese Familie für den Outdoor- und Wandersektor eine heimliche Leidenschaft hegt. Wir verraten dann trotzdem unsere Lieblingsplätze und unsere Alm „Ivan Do." Wie die da allerdings mit dem Riesen-Wohnmobil hinkommen wollen, vor allem aber durch die montenegrinische Bergwelt, das ist eine andere Frage.

Und hätten wir nicht einen Wohnwagen, den man einfach irgendwo abstellen kann und unseren alten Golf, wären wir niemals über den Sedlopass gekommen. Auch nicht nach Kruja, erst recht nicht in all die kleinen Dörfer, über all die kleinen Nebensträßchen, die das Land erst wirklich erlebenswert machen – und die Menschen nahbar.

Urlaub aus der Konserve

Afri macht am nächsten Tag schon wieder einen weitaus besseren Eindruck. Ich bin ein klein bisschen stolz auf meine Verarztungskünste. Allerdings muss der Verband noch einmal gewechselt werden. Wie mir scheint, ist er sich sicher, dass ich ihm das Leben gerettet habe, zumindest aber das Bein.

Grad ich! Wo ich doch sein Leben erst auf's Spiel gesetzt habe mit meinem Küchenmesser ... Immer wieder kommt er zu uns an den Platz, bedankt sich von morgens bis abends. Manchmal darf man einfach nicht fragen: Was wäre wenn? Und wäre das auch ohne mich passiert?

Nach einem weiteren Verband, einer Fahrt über angeblich Europas schönste Panoramastrecke über die Berge am Skodra-See und einem weiteren Tag am Safari Beach, sind wir jetzt (nach einem allerletzten Verband) aber weitergezogen. Und frage nicht, was ich mich alles frage! Mittlerweile befinden wir uns auf der Heimreise, sprich, wir verkürzen den Abstand zu Markdorf Stück für Stück. Ulcinj hinter uns lassend, was zweifellos in die Kategorie „Das muss man mal gesehen haben!" fällt, erreichen wir als pures Kontrastprogramm auf der wohl hässlichsten Panoramastraße Europas (was wir zum Glück vorher schon wussten, denn sonst wäre die Ernüchterung groß) über die montenegrinische Küstenmagistrale die Bucht von Kotor.

Und was für ein Anblick! Da tut man den Montenegrinern wahrlich unrecht, behaupte man, sie würden die gesamte Küste und jegliches freie Fleckchen am Meer mit den absonderlichsten Scheusslichkeiten an Hotel-Bunkern zupflastern.

An unserem albanischen Basislager übrigens haben uns zwei Ravensburger Gespanne samt Crew Gesellschaft geleistet, sie wollten irgendwo an Montenegros Küste Station machen, einfach dort, wo's schön sei. Jetzt seien sie an einem Stück durchgefahren und hier gelandet. Dann müssen sie wohl die Bucht von Kotor ausgelassen haben!

In der Tat ist das ein Ziel ersten touristischen Ranges, und da sind wir immer ein wenig voreingenommen, suchen lieber das Individuelle, das Zufällige und die abgelegenen, versteckten Winkel. Aber das hier hat einfach seine Berechtigung, und dieses Erlebnis samt diesem zauberhaften Platz möchte ich nicht missen.

Nach der fast dreistündigen Fahrt an der Küste Montenegros entlang, die sich hinter ihrer schandhaften Bebauung verschämt duckt und unter der Liege-Bestuhlung wohl am liebsten im Erdboden versinken möchte, bevor man sie ganz erdrückt, wird alles anders, sobald man den kleinen Fähranleger erreicht.

Die Boka Kotorska, wie sie hier gennant wird, stellt den einzigen Fjord am Mittelmeer dar und wird an eben dieser Meerenge in zwei Becken teilt.

Anders als von Meersburg nach Konstanz, geht das ratzfatz. Winken, fuchteln, pfeifen. Fahrschein am Schalter lösen. Ich renne gerade noch unserem Auto samt Wohnwagen hinterher an Deck, und schon legen wir ab. Hier herrschen andere Sitten. Keine Hotelburgen, keine Russensiedlungen, kein Massentourismus (zumindest nur verhalten). Auf der anderen Seite angekommen, geht's nicht minder rasant wieder runter vom Kutter.

Und dann nur noch zwischen kleinen Fischerhäuschen und hübschen Gässchen hindurch. Die Einfahrt zum Campingplatz übersehen wir glatt, also umdrehen und nochmals versuchen.

Autocamp Zlokovic. Hier gefällt's mir! Auf den ersten Blick. Was zu so einer Bauchentscheidung beiträgt, kann ich noch nicht mal sagen. Der Platz ist klein, um nicht zu sagen, winzig.

„Welcome, I'm Uroš", werden wir schnurstracks begrüßt. Ob's hier überhaupt noch ein freies Fleckchen für uns gäbe?

„Oh yes, we will find a nice place". Schwuppdiwupp, ein paar Hände schieben. Ein paar Männer fachsimpeln. Wir stehen. Fast direkt an der Quai-Mauer, vor uns liegt das äußere Becken der Bucht von Kotor und eine kleine Konoba, die gleichzeitig als Sprungplattform ins dunkelblaue Wasser dient.

Hier will ich bleiben, wenn's unser Zeitplan irgendwie erlaubt, sogar für zwei Nächte. Und dann mit einer Flasche Rotwein auf der Mauer sitzen, den Kreuzfahrtschiffen, die an gigantische Konservendosen erinnern, auf ihrer Ausfahrt von Kotor zuschauen und die armen Menschen darauf bedauern, die aus der Ferne hinter den hunderten, wenn nicht sogar tausenden von Fenstern Richtung Land blicken, bevor sie sich umziehen müssen, um mit anderen hunderten, wenn nicht sogar tausenden in Schale Geworfenen einmal mehr eine Schlacht am kalten oder warmen Büffet zu schlagen.

„Das kommt mir vor, wie ein Gefängnis auf dem Wasser", sage ich zu Jörg, als am Abend so ein Riesendampfer die Boka verlässt und eine gewaltige Rauchschwade hinter sich her zieht. Und diese armen Pauschaltouristen sind die Insassen, die Gefangenen, die jeden Tag zu einem neuen Ziel geschippert werden. Am Vormittag an Land gespuckt, am Abend vom riesigen Schlund der Monster-Konservenbüchse wieder gierig eingesogen. Wo sie waren? Werden sie vielleicht zuhause gefragt.

Patras? Saranda? Kotor? Dubrovnik? Venedig?

In Griechenland seien sie gewesen, in Albanien, in Montenegro, Kroatien, Italien. Dabei haben sie weder das Land kennengelernt, noch die Menschen. Irgendwo auf ihrem Hilfiger-Hemd klebt noch die Nummer 16 oder 17 oder 18. Das sei die Nummer der Reisegruppe gewesen, deren in die Höhe gehaltenem Schildchen sie stets zu folgen hatten. Während wir einfach unserem Gefühl folgen …

Und endlich ist es soweit. Der für mich lang herbeigesehnte, von allen anderen allerdings am meisten gefürchtete Augenblick: Dosenravioli. Die Vorräte sind mal wieder aus, Gemüsekiste leer, Brot hat's auch keines mehr. Aber jetzt haben erst mal alle Hunger. Und selbst Jörg scheint nach seiner lange zurückliegenden Interrail-Rucksack-Tour sein Dosenravioli-Trauma endlich überwunden zu haben.

Reise-Fieber

---❧---

Was sich auf den ersten Blick und auf mein Bauchgefühl schon angekündigt hat, stellt sich heute unter Beweis: Die Boka Kotorska ist einfach umwerfend. Und das liegt nicht nur daran, dass ich seit gestern Abend mehr liege und rumhänge als stehe.

Mich hat's erwischt, nachdem Marlene und Jörg mit dem albanischen Virus bereits durch sind. War irgendwie auch zu erwarten. Allerdings muss es mich wohl gefühlt am Allerschlimmsten getroffen zu haben. Während Jörg noch still vor sich hingelitten, gerotzelt und gehustet hat und Marlene sowieso hart im Nehmen ist, haben jetzt also meine Bronchien die volle Breitseite des Männerschnupfens dank der familieninternen Bazillenschleuder abgekriegt. Ich leide. Weil ich aber den heutigen Tag nicht im Liegestuhl verbringen will, greife ich zum letzten und für mich sonst obsoleten Notnagel: Gripostad C. Schließlich will ich mir die innere Bucht von Kotor anschauen und nicht den Liegestuhl von außen. Den Rest der Familie höre ich bei dieser Aussicht nicht nein sagen.

Alles andere als meine Fitness unter Beweis stellend, ist unser erstes Ziel Perast. Die Bucht wird immer enger, die Berge recken sich vom Wasser direkt gen Himmel. Hinter jeder Kurve ein neues Bild. So muss es wohl in Norwegen aussehen. Nur ohne Zypressen und ohne Olivenbäume, ohne Grantäpfel,

Orangen, Feigenbäume. Und ohne die verwinkelten Gässchen, die weißen Kirchtürme, die lauschigen Konobas, die nusschalenähnlichen Bootchen, die die Touristen zu den vorgelagerten Inselchen schippern.

Ich schaffe es kaum, die steile Treppe hinunter. Wie soll ich da bloß wieder hoch kommen? Ob es die Hitze ist oder das Fieber, spielt eigentlich keine Rolle. Nur Schatten, sitzen, dämlich in die Gegen gucken und was trinken. Jörg bestellt zwei Biere. Naja, das hat irgendwie noch nie geschadet. Und in der Tat tut's das auch heute nicht. Nach einem halben Glas fühle ich mich unter meinem großen Strohhut wie unter einer Glocke, alles erscheint irgendwie so unwirklich. Das Bier schmeckt und tut mir gut. Mann, ist das hier schön! Einfach mal sitzen und schauen und genießen. Ohne meinen ständigen Aktionismus. Einmal nicht auf Türme steigen und nicht auf Berge kraxeln. Weder die Kinder maßregeln noch die strenge Mama raushängen. Ich schaff's noch nicht mal, unseren Führer zu lesen. Marlene liest vor, ihr scheint mein Dämmerzustand zu gefallen, aufnehmen kann ich von all dem nichts. Nur von dem, was unmittelbar um mich herum passiert. Und das fühlt sich mal richtig gut an.

Auf der kurzen Weiterfahrt schlafe ich im Auto ein, erst in Kotor wache ich durch einen neuen Hustenanfall auf. Ein Parkplatz ist erstaunlich schnell gefunden, das dumpfe Scheppern wird vom daneben stehende Muschelfischer schmunzelnd kommentiert: „Next year it's time for a new car". Als ob er's wüsste.

Passiert man das Tor der Stadtmauer, ist man unmittelbar in einer anderen Welt. (Den geschichtlichen Exkurs muss ich hier weglassen, das ist mir heute entgangen). Ich habe schon viele Städte gesehen und erlebt, aber der Charme und der Zauber von Kotor ist mir in dieser Form noch nie begegnet. Wir lassen uns treiben, ohne Plan, mit und gegen den Strom, hin und her. Sobald man den Blick etwas anhebt sieht man nur Berge, die direkt hinter den Mauern in den Himmel zu wachsen scheinen. Wir folgen ein kurzes Stück der Reisegruppe Nummer 18, fotografieren schmunzelnd die sich per Teleskopstock fotografierenden Touristen aller Herren Länder mit den Einheits-Aufklebern auf ihren Shirts.

„Paulaner". Wir glauben, wir sehen nicht richtig! Also „Picknickpause". Und was für ein Genuss, nach langer Zeit der Entbehrung, endlich wieder a g'scheits Bier. Vom Fass noch dazu! Langsam kehren meine Lebensgeister zurück. Allein der Aktionismus bleibt (noch) aus. Was aber gar nichts macht. In aller Ruhe schlendern wir weiter, denn schneller und höher ist heute einfach nicht drin.

Morgen soll unsere Reise weiter gehen. Wir werden uns endgültig vom Meer verabschieden. Wollen über das Orjen-Gebirge nach Bosnien. Die Route wird abenteuerlich, Uroš indes behauptet, mit dem Wohnwagen durchaus machbar. Das Meer kennen wir längst, und Bosnien hat uns zu Beginn unserer Reise absolut begeistert und zu einem unerwarteten Erlebnis gemacht. Ohne Landkarte und ohne Reiseführer wollen wir nun dieses Land und seine Menschen kennenlernen, wenngleich das in den paar Tagen wohl lediglich ein paar Streiflichter sein werden. Mostar soll unsere erste Station sein. Und dann einfach mitten ins Blaue hinein. Einzig mit ein paar Anhaltspunkten im Wortsinn, von vielen Schilderungen und ebenso vielen wundervollen Bekanntschaften auf unserer Reise geleitet.

Das Abenteuer geht also weiter und ist erst dann zu Ende, wenn wir wieder in Markdorf in der Unteren Gallusstraße gelandet sind.

Bazillen und Tretminen

Noch bevor wir Montenegro verlassen, gehen meine Vorräte an Gripostad C zu Ende. Die Nacht war immerhin einigermaßen ruhig, aber gegen morgen kann ich dann einfach nicht mehr. Ich glaube, ersticken zu müssen. Mandelentzündung, Fieber, Husten und eine Stimme wie Hildegard Knef zu ihren besten Zeiten.

Bereits um halb sechs Uhr früh grase ich heimlich sämtliche Gärten in der Nachbarschaft ab, um irgendwo Salbei für einen Tee aufzutreiben. In Frankreich und Italien wäre das kein Problem, hier scheint dieser Pflanze indes keinerlei Beachtung zuzukommen, und noch nicht einmal die Apothekerin kann mir mit „Žalfija" dienen. Immerhin gibt's schon mal ein Wort dafür.

Richtige Hämmer müssen also her. Beipackzettel auf serbisch sind schwierig zu entziffern; Paracetamol heißt jedoch überall gleich, Koffein, Kodein, von mir aus auch Kokain, wenn's bloß hilft. Bereits morgens um zehn, als wir die Boka verlassen, bin ich schweißgebadet. Aber jetzt geht's erst mal hinauf ins Orjen-Gebirge. Relativ schnell auf relativ gut ausgebauter Straße die bosnische Grenze erreicht, zeigen meine Medikamente bald schon ihre Wirkung und ich mich begeistert von dieser großartigen, wilden, zerklüfteten Bergwelt.

114

Nach der Grenze ändert sich erst mal gar nichts. Die Landschaft, in welchem Land auch immer sie liegen mag, ist dieselbe, die Berge setzen sich einfach fort und leben in friedlicher Koexistenz zueinander. Dringt man aber tiefer in dieses Land ein, wird die Stimmung immer bedrückender.

Mir geht es so, dass ich mich bei manchen Eindrücken zunächst frage, was es ausmacht, das ein gewisses Befremden, eine Andersartigkeit hervorruft. Und dann fange ich an, Bestand aufzunehmen. Überlege, was gleich ist, und was anders. Wie zum Beispiel beim Plakat eines montenegrinischen Lokalmatadors, das mich an jeder Ecke immer wieder angestarrt hat. Bis ich festgestellt habe, dass es die Brille ist, die mich irritiert. Da trägt einfach keiner Brille! Was gewiss nicht daran liegt, dass solche Nasenklammern kein modisches Accessoire darstellen würden, sondern schlichtweg daran, dass die Menschen zu arm sind, um sich weder Augenarzt noch Optiker leisten zu können.

Jetzt was ist es aber hier? Berge tragen keine Brillen. Überhaupt werden sie hier scheins keines Blickes gewürdigt. Denn es gibt keine Menschen! Dieses Land scheint menschenleer. Nur Wildnis, Karst, und ein Blick, der ins Endlose diffundiert. Dazwischen in sich zusammengefallene Mauern, Häuserreste, Geisterdörfer. Wie sehr dieses Land vom Jugoslawienkrieg gezeichnet ist, war mir bis dahin nicht bewusst. Die Wunden der einstigen stattlichen Mauern sind unübersehbar, von den Wunden ihrer Bewohner ganz zu schweigen, denn davon wissen wir gar nichts. Am Straßenrand warnen immer wieder Tafeln mit schaurigen Totenköpfen vor verminten Gebieten. Ich traue mich nicht, auszusteigen. Und dabei ist dieses Land mit einer Naturschönheit gesegnet, die bis jetzt für uns eine fremde Schöne war. Dass wir dieses Land nicht nur als Transitstrecke nutzen wollen, das war uns bereits am Camp Ušce in Lastva klar. Dass wir hier aber noch mehr kennenlernen möchten, wissen wir jetzt mit Bestimmtheit.

Gegen Mittag muss ich „nachdopen", und gegen 14 Uhr erreichen wir das „River Camp Half Island" zirka zehn Kilometer vor Mostar, das ich ein paar Tage zuvor per Zufall auf Google Earth entdeckt habe. Und wenn man mich jetzt fragt, was das idyllischste Fleckchen auf Erden ist, an dem ich je meine Zelte aufgeschlagen habe, muss ich sagen: Genau hier, an den Gestaden der Buna.

„Help yourself" steht am Eingang zu lesen. So tun's auch wir und sind damit und auf diese Bitte hin im Bunde der Camper die dritten.

„Hi, I'm Gaga", werden wir, kurz nachdem wir uns direkt am Wasser installiert haben, begrüßt.

„Welcom. Nice to meet you. I hope, you will have a pleasent time in Bosnia". Und dann erklärt er uns hier alles, dass es eine kleine Küche gäbe, wo am Abend zusammen gekocht würde, auch ein Kühlschrank sei vorhanden (yippieh, denn wir haben aufgrund der Hitze mal wieder alle Gitter ausgebaut, und jetzt belüftet ein liederlicher Ventilator das noch liederlichere Ding von außen). Und würde in den kleinen Toiletten- und Duschhäuschen auf den mit viel Liebe aufgehängten Regalen ein Blumensträußchen stehen, würde auch das mich nicht wundern.

„Das ist hier ja wirklich süß", kommt Jörg vom Duschen zurück. Ha! Grad er, dem schon unsere Campingtischdecke zu viel des Guten scheint!

Am Abend gesellt sich Gagas gesamte Familie samt Cousins und Cousinen zu den Camping-Gästen unten am Fluss. Sein Bruder sei gerade aus Kanada zu Besuch. Was wir dann erfahren, lässt sich fast nicht in Worte fassen. Zu Kriegszeiten unter grausamen Bedingungen im kroatischen Konzentrationslager interniert, wurde er mit nur noch 25 Kilogramm Körpergewicht und kurz vor dem Tod schließlich von UN-Truppen befreit.

Von außen sieht man dem ganzen Land sein Leiden zwar an. Von innen allerdings nicht den Menschen. Wenigstens die Häuser zeigen ihre Wunden. Was alles irgendwie ein klein wenig verständlicher, wenngleich nicht begreifbarer macht. Immer noch sehen sie aus wie Schweizer Käse. Durchlöchert und gezeichnet von einer Vergangenheit, die noch gar nicht so lange vergangen ist. Die Löcher in der menschlichen Seele indes werden für uns Unwissende wohl immer unsichtbar bleiben.

Es wird am Abend zusammen gelacht, zusammen gegessen, zusammen gesessen. Die Mama verteilt Buttercremetorte an alle Campinggäste. Oben am Platz berieselt leise der Wassersprinkler das langsam vertrocknende Grün des kleinen Bolzplatzes. Darüber wird bald neues Gras wachsen. Aber die Grasnarbe ist dünn. So dünn, wie eine gepeinigte Seele besaitet.

Bridge over troubled Water

✳

Immer noch keine Besserung in Sicht. Bin ich jetzt eine Memme, oder was? Ich, wo ich doch sonst nie krank bin, zeige mich hier von meiner erbärmlichsten Seite. Fast in Perfektion mime ich zumindest stimmlich „Die Knef" und „frühstücke" erst mal einen neuen Drogencocktail, ansonsten stehe ich den heutigen Tag nicht durch. Klar könnte ich mal am idyllischsten Platz der Welt einfach nur rumliegen und schlafen und vor mich hin dämmern. Wären da nicht so viele andere Plätze, die es zu bestaunen und zu erkunden gäbe.

Wie zum Beispiel die Derwisch-Tekke in Blagaj nur zehn Kilometer vom Camp entfernt. Bis gestern wusste ich noch nicht einmal, was eine Tekke ist, und heute schon stehe ich komplett verschleiert in deren Innerem. Wer „Monsieur Ibrahim und die Blumen des Koran" gelesen hat, kann vielleicht aufgrund der ebenso bildhaften wie metaphorischen Erzählung von Eric-Emmanuel Schmitt ein wenig verstehen, was den Zauber eines solchen Ortes ausmacht; mir fällt dann auch die Geschichte mit den tanzenden Derwischen bald wieder ein, die paradoxerweise gerade hier als Parabel für Toleranz und Miteinander ungeachtet jeglicher Glaubenszugehörigkeit bestes Beispiel abgibt.

So muss es sich im Morgenland anfühlen. Mir kommt vor, ich befinde mich mitten in einem Märchen aus Tausend und einer Nacht. Überall gibt es kleine Wunderlampen zu kaufen, handgewobene „fliegende" Teppiche, türkische Mokkatässchen, Krummsäbel, Glöckchen, buntbemalte Flöten.

„Oh, ich möchte so gerne diese Siebenmeilenschuhe. Solche hatte schon der kleine Muck." Ida ist begeistert. Und Marlene, ob all der Fremdheit, mal wieder etwas verstört:

„Warum können wir nicht ein mal unsere Ferien so verbringen, wie alle anderen, nämlich daheim am Bodensee?"

Im Fieber lässt sich das ungleich schwerer erklären, als einfach auf einem fliegenden Teppich abzuheben … Aber irgendwann, davon sind wir überzeugt, erweist sich diese Reise auch für unsere Kinder als wahre Bereicherung, die einen lebenslangen Eindruck hinterlässt.

Dass sich diese Tekke (von denen es übrigens noch einige in Bosnien gibt) direkt am Wasser befindet, hat übrigens seinen Grund. „We made from water every living thing" ist die Botschaft, die in verschiedenen Sprachen den Eingang dominiert. Und in der Tat ist diese Form der Koran-Auslegung, die sich, wie bei Monsieur Ibrahim, Sufismus nennt, eine weltoffene, tolerante Annäherung an Allah, Gott, den Schöpfer, was auch immer, die sich insbesondere den Naturgesetzen unterwirft und Demut und Askese lebt. Wasser ist die tragende Säule dieser Religionszugehörigkeit. Und der Ursprung der Buna der geeignete Ort. Sämtliche gesammelten Wasser des karstigen Gebirges scheint die gigantische Öffnung dieses Felsenschlundes auszuspucken und gilt somit als größte Quelle Europas.

Gleichzeitig wandelt sich dieses Wasser ein paar Kilometer weiter flußabwärts zu Tränen. Dort nämlich, wo von tragenden Säulen für lange Zeit nichts mehr zu spüren war. Mostar erreichend sind wir erschüttert von all der Zerstörung. Immer noch klaffen die Wunden des Krieges. Unter Beschuss gestandene Häuser sind nach wie vor oder wieder bewohnt, dach- und fensterlose Ruinen prägen die Vorstadt. Und auch in der Altstadt, der Stari Grad, ist der Krieg noch allgegenwärtig.

Die Menschen dieser Stadt indes scheinen sich äußerlich von den Schrecken des Krieges erholt zu haben, was das rege Leben hier zu beweisen scheint. Zwar keine Stadt wie aus dem Bilderbuch, denn dafür dominieren einfach zu viele Schweizer-Käse-Fassaden das Bild, aber eine Stadt, die wie Phönix aus der Asche erstanden zu sein scheint. Basare, Basare, Basare, Gassen, Restaurants, Moscheen. Ich wusste nicht, dass so Bosnien ist, lasse mich hin- und mitreissen von diesem orientalischen Treiben, obwohl mir nicht nur die Temperaturen, sondern vor allem mein Fieber die Schweißperlen auf die Stirn treibt. Und jetzt noch die Wallfahrtsstätte Medjugorje? Nein! Ich kann definitiv nicht mehr!

Das Letzte, was ich tue: Ich kaufe mir einen Bildband über Bosnien-Herzegovina. Denn dieses Land schreit förmlich nach einer weiteren Reise.

Zurück an unserem River Camp ist die Stimmung so heiter wie am Abend zuvor. Es sind neue Gäste angekommen. Man duzt sich von der ersten Sekunde an. Die Sprache ist international, eine lustige Mischung aus englisch, deutsch, polnisch, bosnisch, holländisch. Das holländische Paar überrascht uns ohnehin, weil sie zum einen fast die einzigen Holländer sind, die uns auf unserer Reise begegnet sind, zum anderen aber gar nicht in die Kategorie der klassischen Oranje-Camper passen und seit nunmehr sechs Monaten mit einem Kleinkind in ihrem bunt beklebten VW-Bus unterwegs sind und erst nach 14 durchreisten und durchlebten Monaten wieder zurück sein wollen oder müssen.

Jörg ist heute Abend auf ihren Blog gestoßen: loveontheroad.nl. Wie ich finde, ein schönes Motto für so eine Reise.

Wir sitzen alle noch lange unterm Sternenhimmel. Unsere „Kässpätzle bosnian style" finden dankbare Abnehmer bei ebenso verwunderten Gesichtern. Zum Nachtisch gibt's zur Abwechslung nicht bosnische Buttercremetorte, sondern polnische Melone, 12 Grad wassergekühlt.

Wenn der Wind sich schlafen gelegt hat und der Fluss gemächlich und nebelverschleiert aus seiner kühlen Kuhle steigt, spürt man das Aqua vit, das nur zehn Kilometer weiter oben mit analoger Temperatur direkt aus dem Bergschlund strömt, am ganzen Körper. Nach einer Tagestemperatur von 40 Grad wird's endlich kühl. So kühl, dass ich meinen Vaude-Faserpelz anziehe. Denn ich will noch eine ganze Weile der Buna beim Schlafen zuschauen.

Gibt's was Schöneres als Camping?

Ach so: Ich hab ganz vergessen, heute Abend eine weitere meiner montengrinischen K.O.-Tabletten einzuwerfen. Wenn da nicht mal Besserung in Sicht ist …

Wieder einmal fehlt der Adapter für die Fotos von meiner Nikon. Das sind eben die Nebenerscheinungen beim Camping: man ist immer am Suchen. Fotos folgen, sobald das Teil gefunden. (Anders als ein gedrucktes Buch, unterliegt ein Online-Logbuch eben immer der Tagesaktualität. Wenn man unsere Jugend beobachtet, sogar der Sekundenaktualität. Bleibt da überhaupt noch Zeit zum Chillen?)

Die Höllenhunde von Jajce

---❦---

Gut ist anders, aber besser immerhin ein Fortschritt. Ich brauche mein täglich Dope erst am Nachmittag, als mir die Hitze tatsächlich von innen und von außen zu Kopfe zu steigen droht. Aber egal, das sind Nebensächlichkeiten, über die man sich auf einer solchen Reise nicht den ohnehin schon pochenden Schädel zermartern soll.

Schweren Herzens verabschieden wir uns von Gaga und seiner Familie. Es nützt ja nichts, irgendwann gegen Wochenende wollen oder müssen wir wieder zuhause sein und nicht mehr daheim im Wohnwagen kreuz und quer über den wilden Balkan tingeln.

Auch Pavlo und Tascha, die beiden Polen, die bei uns quasi schon Familienanschluss haben, wollen weiter nach Sarajevo. Von Krakau bis hierher nach Mostar hätten sie's schon per Hitchhiking geschafft. Ob sie nun ein Stück weit mit uns mitfahren könnten, fragen sie. Im Wohnwagen gäbe es doch gewiss noch Platz. Wir platzen schier vor lachen und bei der Vorstellung, wie das auf diesen Straßen rumpeln würde, und unser ganzes Gerümpel dazwischen erst ... Das Bild muss ungefähr zweier Maiskörner in einer Popcorn-Maschine gleichen.

Nein, das ginge wirklich nicht, weil einfach auch „strictly forbidden"! Schon lustig, wie die Ansprüche sich unterscheiden.

Da mach ich mir fast ins Hemd, wenn's auf einer weißen Straße mal wieder recht eng hergeht und der Wohnwagen da partout nicht durchgehen kann (es aber dennoch tut), und die beiden würden sich mit einem Platz in dieser Schleudertrommel begnügen und davon ausgehen, dass schon alles gut gehen wird.

Rucksack-Gepäck samt Zelt also in den Wohnwagen, und dann lautet das waltende Prinzip: Sardinenbüchse. Längst haben wir uns an die örtlichen Gegebenheiten gewöhnt, und wissen, dass irgendwie alles möglich ist und immer Luft nach oben besteht. Die Fahrt durch Mostars Innenstadt mit dem Wohnwagen erweist sich dann wirklich als Abenteuer, zumal ich hinten mit Ida auf meinem Schoß sitze und meine Kommandozentrale Pavlo überlassen habe, der permanent am Quatschen ist und alles andere als auf die Straßenverhältnisse achtet. Vergeblich versuche ich, meine Warnhinweise aus der zweiten Reihe ans Cockpit zu übermitteln. Oh Mann, die beiden werden das Kind schon schaukeln …

Irgendwann stehen wir dann am Bahnhof von Mostar, Pavlo und Tascha hieven ihr Gepäck aus dem Wohnwagen auf ihren Rücken, innige Verabschiedung.

„So nice to meet you. Perhaps we meet again in Jajce."

Und wir machen uns auf den Weg zu unserem nächsten Ziel: die bosnische Landstraße. Es ist für mich ein merkwürdiges Gefühl, ohne Karten und ohne mein bewährtes Basiswissen zu reisen. Einmal mehr lautet unser Motto: mitten ins Blau. Allein das Ziel steht fest: der Große und der Kleine Plivsko Jezero in Jajce. Waghalsig windet sich die Straße immer weiter die Berge hoch, und bei einer Außentemperatur von 35 Grad mutet der Schneeketten-Montageplatz geradezu grotesk an. Oben angekommen im Skigebiet, das sich so ganz anders präsentiert, als die uns bekannten Ski-Arenen und Winter-Wonder-Disney-

Länder, nämlich als gar nicht erst ersichtlich (aber irgendwo muss es wohl stecken, denn die Tafeln am Straßenrand präsentieren traumhafte Bilder fern jeglichen Massentourismus'), sind wir erst einmal baff von dieser Landschaft. Die kann man doch nicht einfach als Transitstrecke nutzen! Da müssen wir auf jeden Fall nochmals hin!

Auf der anderen Seite die Berge hinunter, landen wir wieder einmal in einer anderen Welt. Bosnien scheint für mich ein Land der tausend Wunder zu sein. Wenngleich auch ein Land der zig-tausend Wunden. Ständig verändert sich die Landschaft. Hat man erst einmal das karstig-kahle Hochgebirge passiert, befindet man sich auf der anderen Seite schnurstracks im Südtirol der 50-er Jahre. Ohne Rentner mit Wohnmobil und ohne Kastelruther Spatzen und andere volkstümliche Trommelfell-Folter. Aber noch bevor man sich an diese ursprüngliche Bergidylle gewöhnen kann, gerät man jäh mitten hinein in die schottischen Highlands. Schluss mit Ötztal zu Urzeiten. Christopher Lambert und Sean Connery sind schlagartig angesagt, die hier aber wohl auf den Namen Branko und Zlatko hören. Und winken. An jeder Ecke und bei jeder Gelegenheit fliegen uns mit unserem Gespann Hände zu; die Menschen freuen sich an uns. Denn wir scheinen die einzigen, die hier mit einem Wohnwagen unterwegs sind. Überhaupt scheinen wir die einzigen, die auf dieser Straße unterwegs sind. Noch nie bin ich durch ein dünner besiedeltes Land gefahren, als durch Bosnien. Hier gibt es nichts außer Seen und Flüße, Berge und Täler und wilde, unverfälschte Natur von einer ursprünglichen Schönheit, die man so wohl nur noch selten findet.

Mal wieder haben wir nichts zum Mittagspicknick, aber immerhin noch jede Menge bosnische Mark (die – wie wunderbar – exakt der D-Mark entspricht), und Hunger mal vier.

Eine kleine Konoba direkt an den Gestaden der traumhaft schönen Una – die übrigens einen Nationalpark abgibt, der nur auf unsere Entdeckung wartet – und ein Wirt, der gleichzeitig der Koch ist und nichts anderes zu tun hat, als auf uns zu warten und sich an uns zu freuen. Jetzt lies aber mal eine Speisekarte auf bosnisch! Und wohlgemerkt, wir sind in keinem Touristengebiet! Wir zeigen auf irgendwas auf der Karte. 2 scheint für zwei Personen zu stehen, Suppe und Salat ist irgendwie verständlich, und domaci, schlussfolgere ich, muss wohl Tag bedeuten. Also Tagessuppe. Es wird dann aufgetischt. Nachdem der Koch und Wirt lange, sehr lange, in der Küche gewerkelt hat. Am Ende sind wir so satt, dass ich aus unserem Wohnwagen die Alufolie hole und den Rest einpacke. Denn das ist einfach zu gut, um weggeschmissen zu werden. Aber eben einfach zu viel.

Gegen 15 Uhr erreichen wir unser Etappenziel, das Autocamp Plivsko Jezero. Und hier scheint also tatsächlich der Ort zu sein, wo der Hund verfroren ist. Genauer gesagt, DIE Hunde. Die aber just hier an diesem Ort jeden Abend von den kalten Untoten auferstehen zu scheinen und sich heiße Gefechte liefern. Bereits bei Ankunft auf dem Campingplatz werden wir von zweien dieser durchaus freundlichen Vierbeiner begrüßt. Ansonsten ist außer dem Heidelberger VW-Bus, den wir bereits vom River Camp kennen und einem holländischen Land Rover mit Dachzelt, keine Menschenseele zu sehen. Irgendwie ist das ein bisschen unheimlich. Man könnte es durchaus beschaulich nennen, und die beiden idyllischen Seen 200 Meter weiter sind ein nicht minder beschaulicher Ort der bosnischen Sommerfrische. Aber das ist dann hier doch ein bisschen zu ruhig.

Allerdings nur bis zum Einbruch der Nacht. Schon beim Grillen am Abend rottet sich das immer größer werdende Hunderudel um unseren Tisch zusammen. Den Kindern gefällt's, den gefräßigen und zutraulichen Canis Lupi nicht minder. Ich gebe irgendwann jeglichen Versuch auf, diese Viecher zu verjagen und verziehe mich ins Bett. Marlene indes beschließt, draußen unterm Sternenhimmel und unter den gezähmten Wölfen ihr Nachtquartier aufzuschlagen.

„Mama, das war heute Nacht so schön! Der Kleine hatte es sich gleich bei mir auf der Decke bequem gemacht, und die anderen haben irgendwann alle ihre Pfoten zu mir hochgelegt", schwärmt sie am nächsten Morgen von ihren 15 neuen Hunde-Freunden.

Und der Riesengroße, der spätabends noch dazu kam?

„Ach, der war ganz toll, und so groß, wie ein Schäfle."

Was allerdings noch größer ist, ist in dieser Nacht der infernalische Lärm. Bald schon wird ersichtlich, dass es sich um mehrere verfeindete Sippen handeln muss, die sich regelmäßig wilde Straßenschlachten liefern. So auch in dieser Nacht. Immer wieder brülle ich aus dem Wohnwagenfenster, versuche, die bellenden Bestien zu verscheuchen. Und immer wieder kehren sie zurück, um einen neuen Angriff auf die verfeindete Sippe zu starten. Während Marlene im Kreuzfeuer liegt und selig schlummert.

Eine weitere Nacht unter diesen Höllenhunden wollen wir uns nicht zumuten. Wir beschließen, auf die Fahrradtour um die beiden Seen, die zweifelsohne zum landschaftlichen Hochgenuss geworden wäre, zu verzichten und fahren weiter.

Im Nachhinein kommt es mir vor, als dass diese verfeindeten Hundesippen stellvertretend für dieses ganze Land stünden. Muslimische Viertel wechseln sich ab mit katholischen und orthodoxen. Immer wieder taucht am Straßenrand das Schild auf: „Welcome to Republic of Srpska", dann sind die Straßenschilder nur noch auf kyrillisch. Und falls mancherorts die lateinische Ortsbezeichnung darunter steht, ist die meist übersprüht und unkenntlich gemacht.

Bosnien ist ein unverständliches Land. In jeder Hinsicht. Ich weiß nicht, ob sich einem je ein Verständnis für den Sinn und den Unsinn dieses Krieges erschließen wird. Wie auf dem Reißbrett wurden vor Abschluss der Dayton-Verträge Grenzen gezogen, welche klare Linien zwischen Föderation und Republika bringen sollten, was jedoch das ganze Land weiter spaltete und zerstückelte. Menschen wurden umgesiedelt, aus ihren Häusern, sofern es sie noch gab, vertrieben, frei nach dem Motto: Bäumchen wechsle dich! Entstanden sind Dörfer, in denen es durchaus passieren kann, in der Küche im muslimischen Teil auf den Fernseher im Wohnzimmer im serbischen Teil zu starren. Was aber die Berichterstattung in den Medien betrifft, ist das eine Geschichte für sich.

Und was die Kirchen- und Moscheen-Landschaft anbelangt, könnte man meinen, ein neues Wettrüsten hätte eingesetzt. Es ist ein befremdliches Bild und man weiß nicht so recht, wie es einzuordnen ist. Schon gar nicht, wer die Guten und wer die Bösen in Zeiten des Krieges waren.

Time to say goodbye

❦

„Was glaubst Du, weshalb die da oben so schön in Reih und Glied und als ob mit dem Zollstock vermessen stehen?", richte ich kopfschüttelnd meine Frage an Jörg. Er wisse es auch nicht genau, vermute aber einfach das Schwarmverhalten der deutschen und holländischen Camper. Oder weil vielleicht da vorne das Internet funktioniert, das Waschhaus direkt hinterm und die Wirtschaft direkt vorm Wohnwagen ist.

Wir sind also wieder zurück in Kroatien, zehn Kilometer vor Karlovac. Nein, nicht des Bieres wegen, denn langsam sind wir echte Kenner, was sämtliche Biersorten des gesamten Balkans anbelangt, und da spielt Karlovacko gewiss nicht in der obersten Liga. Egal ob albanisches, montenegrinisches, bosnisches, slowenisches oder eben kroatisches Bier, wir können sie unterscheiden und schon fast blind verkosten. (Mann, wie ich mich auf a g'scheits Meckatzer freue!) Camping Slapic ist nun unsere vorletzte Station. Nicht am Meer, sondern im Hinterland, am Fluss Merznici. Eine Flusslandschaft wie aus dem Bilderbuch. Da winden sich Flussläufe um kleine Inseln, da bedecken Seerosenteppiche große Wasserflächen, und immer wieder tauchen idyllische Badeplätze am Ufer auf.

Keine Entscheidung haben wir je so wenig bereut, als uns bereits in der Bucht von Kotor endgültig vom Meer zu verabschieden, um unsere Route durch ganz Bosnien zu bereichern. Nach Ulcinj war das eigentlich schon klar. Wir wollten keinen Massentourismus mehr. Und den hat's nun mal an der gesamten Küste. Der Platz ist begrenzt, die Stellplätze teuer, die Restaurants noch teurer, die Menschen am Saisonende entsprechend genervt und touristenüberdrüssig. Mancherorts wird man nur noch abgefertigt, und von Land und Leuten bekommt man überhaupt nichts mit. Aber was für ein Gewinn das bisher unbekannte Bosnien für uns war und immer bleiben wird! Ein Land der Gegensätze, wie wir sie zuvor auf so begrenztem Raum noch nie erlebt haben.

Wir suchen uns also einen Platz im hintersten Winkel auf der riesigen grünen Wiese direkt am Fluss. Und wenn ich WLAN brauche, muss ich einfach ein Stück zu Fuß gehen. (Auch wenn Jörg manchmal mault, weil ich einfach solche Plätze präferiere.) Aber ich kann und will das echt nicht mehr. Mich zwischen vollinstallierte Langzeitcamper hineinzwängen, wo im rechten Winkel und in Sichtweite („man kann ja nie wissen!") zum „Tabbert Puccini" das Auto unter so einer putzigen Polyester-Haubengarage vor dem ganzen Dreck des Auslandes geschützt ist, und daneben der Anhänger des Riesenwohnmobils trotzt und einen Kleinwagen zur Schau trägt. Dazwischen Häkeltischdeckchen, Vorzeltvohänge, Plastikblumensträuße.

Was mir auffällt, sind überhaupt die heimelig hergerichteten Wohnmobile. Da steht neben uns so eine sündhaft teure Hymer-Edition, an deren Brust gleich einem Tattoo ein grausiges Gemälde prangt. Es soll wohl so was wie einen norwegischen Fjord darstellen, und oben auf der Klippe steht ein röhrender Elch, der dem Künstler wohl ein bisschen aus dem Pinsel gelaufen sein muss und jetzt eher an einen brünftigen Ziegenbock erinnert. Aber was soll's, was früher der röhrende Hirsch über'm heimischen Sofa, ist heute der Elch auf'm Wohnmobil.

Klar, der Platz hier ist schön. Und unser Stellplatz unten am Fluss auf der grünen Wiese unter der Erle ist besonders schön. Wir kriegen hier vom täglichen Heimwerken und Hausputzen all der Hobby-Outdoor-Überlebenskünstler nichts mit. Nur wenn ich nach vorne muss zum Waschhaus (denn Wohnwagenklo ist nur im äußersten Notfall erlaubt), staune ich über vieles, was man gar nicht braucht.

Schon die Fassade dieses modernen, fensterlosen Gebäudes lässt den Zeitgeist erkennen. Sandsteinfarbene Steinmauern in Vintage-Optik, wobei ich noch nicht rausgefunden habe, ob es sich um Betonguss oder Kunststoff handelt. Im Inneren dann ein ähnliches Bild, das lediglich mit anthrazitfarbenen Fliesen und so einem hochmodernen Marmor-Fake um die stylischen Waschbecken herum mit Bewegungssensoren einen farblichen Kontrapunkt setzt. Das muntere Fuchteln vor diesen Dingern gehört wohl zum allmorgendlichen Waschzeremoniell dazu, reagieren die doch nicht immer sofort auf den Wunsch des Eingeseiften. Wellness hat schon lange auch beim Camping Einzug gehalten. Und so muss es wohl in zigtausenden deutschen Badezimmern aussehen – Einheitslook aus dem Reisser-Katalog.

Vor der Waschlounge dann ein ähnliches Bild. Schicke Plastik-Loom-Chairs und Couchtischchen mit einer beachtlichen Anzahl an „Freizeit-Revue"s und „Bunte"n auf deutsch und auf holländisch laden zum lauschigen Verweilen vor'm alles andere als stillen Örtchen ein. Propylen-Blumenkübel in gleicher Optik, wie auch sie zu zigtausenden auf deutschen Terrassen vorzufinden sind, vervollständigen das Ensemble aus Plastik und Kunststein, das an die Natur erinnern soll. Zugegeben, so ein Bank steht auch bei uns auf der Dachterrasse, nur hat sich mit dieser Reise der Blick auf den Sinn und den Unsinn mancher Dinge geändert. Irgendwann wird dann das ganze Klumpp als Sondermüll vielleicht nach Albanien verfrachtet. Denn da kommt's ja auf noch mehr Müll nicht an.

Aber ich geb ja schon Ruhe, sitze ich doch selbst im Glashaus. Und freue mich jetzt einfach über eine Luxusdusche. Auch wenn ich mir insgeheim das klitzekleine Waschhäuschen bei Gaga zurückwünsche, wo die Sonnenstrahlen zum Fenster herein fielen und im verschnörkelten Eisenregal das imaginäre Wiesenblumensträußchen mein Herz erfreut hat …

Wir sind wieder zurück in der Zivilisation! Und so sollten wir uns auch gefälligst behnehmen. Zivilisiert. Wird Zeit, dass ich meine Beine mal wieder epiliere, und zum Frisör sollte ich auch. Auch mein Sportprogramm wartet dringend darauf, wieder aufgenommen zu werden, wo sogar der Mond seit drei Tagen am Abnehmen ist.

Zwei Vollmonde haben wir erlebt, den ersten in unserer ersten Nacht auf dem Autobahnrastplatz Lungau. In dieser Nacht habe ich auch die erste Sternschnuppe auf dieser Reise gesehen, der noch viele weitere der Pleiaden gefolgt sind. Was ich mir in dieser ersten Nacht gewünscht habe, wird selbstverständlich nicht verraten. Aber der Wunsch ist in Erfüllung gegangen.

„Lange" Haare, Mondphasen und andere Zyklen beweisen, dass Zeit vergangen ist. Auch wenn man diese Zeit manchmal anhalten möchte, ist das bis jetzt noch keinem gelungen.

Zeit also, nach Hause zu fahren.

Auf d'r Oim do gibt's koa Sünd'

„Du wolltest doch niemals Urlaub in Kärnten machen", frotzelt Jörg, als wir auf den Camping Maltatal einbiegen.

Nein, das war bislang die allerletzte Feriendestination, die in Frage kam, schien sich für mich doch hier das Epizentrum der alpenländischen Ausgelassenheit zu befinden.

„Nockberge" und „Nockalm" steht auf dem Wegweiser. War da nicht mal was mit Musikantenstadl und Nockalm Quintett? Aber wenn wir auf unserer Reise etwas gelernt haben, dann ist's eines: sich von jeglichen Vorurteilen und Stereotypen zu befreien. Kann's also eine Sünde sein, sich noch ein bisschen Zeit in den Hohen Tauern zu gönnen? Die Heimreise würde sich ansonsten doch als recht lange und weit erweisen. Und an diese Art des Streckemachens sind wir einfach nicht mehr gewohnt, wo wir für so lange Zeit gemächlich über den ganzen Balkan getuckert sind und uns nach spätestens vier bis fünf Stunden eine neue Heimat auf Zeit gesucht haben.

Dann eben Kärnten, denn das liegt mitten auf unserer Strecke nach Markdorf. Also Augen zu und rein! Der Himmel ist grau, die Berge wolkenverhangen, es hat gerade noch 17 Grad. Bis 41 sind wir gewohnt, 35 waren normal, 30 das Mittel. Jetzt herrschen hier vergleichsweise sibirische Verhältnisse. Noch dazu scheint Regen zu kommen. Wenn nicht sogar Schnee.

Was kommt da gelegener, als ein Waschhaus, welches das gestrige als kläglichen Versuch, einen Wellnesstempel an den Ufern der Merznica zu erschaffen, enttarnt?

„Ui, ich weiß gar nicht, wo ich hin muss, wenn ich mal muss. Warst du da schon drin?", richte ich meinen fragenden Blick an Jörg.

„Du stellst dich mal wieder an. Ist doch ganz einfach, wenn du, wie du immer behauptest, ein bisschen Orientierungssinn hast", zeigt er sich als echter Klohauskenner.

Mir dagegen kommt's vor wie am Zürcher Flughafen. Aber hat man erst mal korrekt eingecheckt und das richtige Gate gefunden, ist das hier der absolute Wahnsinn! Da kommt nicht nur heißes Wasser aus Raindance-Duschköpfen, sondern noch dazu Musikberieselung aus den Deckenlautsprechern. Nicht einmal volkstümliche, sondern einfach „Radio Kärnten". Gut, da kann ein kurzer Jodelschauer beim Wunschkonzert schon mal etwas Gänsehautfeeling in das warme Duschvergnügen bringen, aber im Großen und Ganzen ist das hier ganz schön okay. Zumal für den Preis, der jetzt mit ACSI-Tarif in der Nachsaison erstaunlich günstig ist für so einen Platz. Denn das ist bei dieser Reise längst zu einem entscheidenen Kriterium geworden. Es ist ja nicht so, dass Camping nichts kostet. Und in unserer Urlaubskasse herrscht mittlerweile die große Leere. Dafür ist am Spül-Terminal der Teufel los ...

Nach einer Stunde ausgiebigen Power-Duschens und einer Mani- wie Pediküre später fühle ich mich in meiner Leoparden-Jogginghose, einem langen Pulli, dicken Socken und meinem Faserpelz wie neugeboren. Ich gönne mir im Rahmen dieses ganzen Zeremoniells sogar eines unserer letzten unbenutzten und kuschelweichen Handtücher aus dem Schrank, wo ich es bislang gewohnt war, nur im Bikini zum Duschen zu gehen.

Nach vier Wochen Hochsommer kommen endlich auch unsere Notfall-Winterklamotten zum Einsatz. Über Nacht und über einen ganzen Tag ist es plötzlich Herbst geworden. Noch geben wir aber nicht klein bei, bleiben weiterhin draußen sitzen. Es ist einfach zu schön, den Wolken dabei zu zuschauen, wie sie wie weiße Wattegespenster die Berge hinauf flattern, um sich bald wieder im Nichts aufzulösen oder sich neu zu formieren und andere, schaurig schöne Gestalten bilden.

Irgendwann wird's dann doch zu kalt, und jetzt endlich ist genau der richtige Zeitpunkt für unser Heimkino gekommen. Leinwand und Beamer überm großen Bett angebracht, ein bisschen Knabberzeugs (zugegeben, die Folgen sind grausam, aber wer nie sein Brot im Bette aß, …), und dann heißt's: Film ab!

„Ein Schotte macht noch keinen Sommer", und durch den Beamer ist's ruckzuck wieder sommerlich warm. Mann, ist das gemütlich! Irgendwann fängt's draußen an zu regnen. Ich kann jeden nur bedauern, der noch nie bei Regen in einem Wohnwagen gesessen, gelegen oder geschlafen hat. Es gibt einfach nichts Schöneres.

Mitten in der Nacht hört es dann auf zu regen – und fängt an zu schütten. Wie aus Kübeln, ach was, wie aus Fässern. Was bisher noch gemütlich war, wird bald zum meist gefürchteten Szenario eines jeden Campers. Wassertaschen!

Hat sich bisher unser neues Sonnensegel als äußerst effektiv und universell einsetzbar erwiesen (denn wir wollten mit Minimalgepäck reisen und das große Vordach zuhause lassen), gerät es nun an seine Grenzen. Aus leidiger Erfahrung wissen wir, wie schnell ein Vordach zusammenbrechen kann und wie überbordend solche Wassermassen vor allem für kleine Zwei-Mann-Zeltchen in unmittelbarer Nachbarschaft sind. Jörg ist also die halbe Nacht und bei gefühlten 5 Grad draußen am Werkeln, damit das Wasser zügig abfließen kann und das Zeug drunter trotzdem einigermaßen trocken bleibt.

Jetzt könnte jeder denken, dass dies nun der richtige Zeitpunkt wäre (weil Tiefpunkt und so, nicht nur was die Temperaturen anbelangt), um endlich heimzufahren. Denn langsam und bei solchen Bedingungen muss doch endlich Verdruss aufkommen. Aber ganz falsch gedacht: Heute morgen ist es noch ein paar Grad kühler, es regnet nicht mehr, wenngleich wenig Aussicht auf Sonne besteht. Die Luft ist klar, die Kulisse gewaltig, und wir wollen uns einfach noch nicht ganz von diesem Vagabunden-Dasein verabschieden. Also beschließen wir, uns noch einen Tag länger vor Kärntens kühler Bergwelt die Nase abzustaunen.

Die Hohen Tauern haben sich bisher erfolgreich meiner Bergbegeisterung entzogen oder sich beim Durchfahren auf der Tauernautobahn nur kurz vor meinem Blickfeld aufgebäumt. Also kurzer Blick auf die Karte und neues Ziel avisiert. Jörg mit dem Fahrrad, ich mit den Kindern mit dem Auto hinterher. Das Wetter ist besser als erwartet, immer wieder blinzelt die Sonne zwischen dem am Tag gar nicht mehr so gespenstisch aussehenden Gewölk hervor. Auf knapp 2.000 Metern den Kölnbreinstausee erreicht, ist damit auch schon fast die Schneegrenze erreicht. Es hat gerade noch 8 Grad und oben bei den Dreitausendern prägen noch viele Schneefelder das hochalpin zerfurchte Gesicht dieses Gebirges, bevor dann endgültig der Winter wieder Besitz von dieser Bergwelt nimmt und manch unbeschienene Flanke nie erfahren wird, wie sich Sommer anfühlen kann.

Ein schöner Tag, den wir nur durch Zufall diesem Leben auf Fahrt abringen und einmal mehr unserem Bauchgefühl zu verdanken haben. Jetzt am Abend herrscht Weltuntergangsstimmung. Nein, nicht bei uns. Nur draußen vor der Tür. Wir dagegen befinden uns am schönsten Ort dieser unterzugehen drohenden Welt, nämlich in unserem Wohnwagen, wo auf dem kleinen Tisch ein Kerzchen brennt und das Jägergulasch vom Herd duftet.

Suppenküche am Hahnenkamm

Einmal müssen wir nun doch die letzte Etappe packen. Nachdem es die ganze Nacht mit nur wenigen Unterbrechungen geschüttet hat, tut es dies auch am Morgen fleißig weiter. Und das ist dann echt das Schlimmste, was einem Camper passieren kann. Bei Starkregen einpacken.

Nach einem gemütlichen Frühstück im Wohnwagen und einem kurzen und sehr nassen Packmanöver (auspacken zum Trocknen muss man das Zeugs eh wieder) war das also die letzte Nacht unserer abenteuerlichen Reise im Wohnwagen.

Schnell wird auf der Tauernautobahn klar: es waren wohl noch mehr letzte Nächte von noch mehr Urlaubern. Stau, wohin man bei „Radio Kärnten" hört, obendrein noch ein gesperrter Katschbergtunnel. In ganz Österreich scheint an diesem Wochenende Ausnahmezustand zu herrschen.

Nebenstrecke also. Was wir ja ohnehin gewohnt sind und uns eigentlich auch viel besser gefällt. Leider verfahren wir uns recht schnell und recht weit, denn mit der Alternativroute und dem neuen Kartenmaterial bin ich noch nicht vertraut. Und so beschließen wir, unsere Route gänzlich zu ändern, denn von Österreich haben wir noch viel zu wenig gesehen. Gut, man hätte sich dafür einen geeigneteren Tag aussuchen können, sieht man doch von den Bergen nicht nur wenig, sondern nichts, und wenn sich eine kleine Lücke in dem triefenden Bindfadenvorhang auftut, dann fällt der Blick auf tief verschneite Bergspitzen. Draußen hat's noch 7 Grad, die Schneefallgrenze liegt bei zirka 1.500 Metern. Was liegt da näher, als einen kurzen Abstecher in Österreichs Luxus-Wintersportdestination Nummer Eins zu machen: Nach Kitzbühel.

Unser Gespann schlägt sich tapfer über Berg und Tal, wohin die Reise geht, wissen wir nicht so ganz genau. Dem Navi scheint rein gar nichts in den Kram zu passen. Wir entscheiden selber. Innsbruck klingt gut. Und dann einfach nur noch durch den Arlbergtu…

„Mist, der ist doch bis November gesperrt, und die Passstrecke für Gespanne nur nachts befahrbar!", fällt mir unsere Odyssee vom Pfingsturlaub wieder ein. Und Fernpass? Staumeldungen über mehrere Kilometer, Blockabfertigung, was Stunden dauern kann. Und das bei dem Wetter. Also erst mal Mittagessen in Kitzbühel.

Gar nicht so leicht, mit dem Wohnwagen einen geeigneten Parkplatz zu finden. Dann endlich. Wir haben die Wahl zwischen Hofer und Billa. Entscheiden uns spontan für Billa, immer noch suchen wir das uns weniger Vertraute. Das ist dann auch das Einzige, was wir von Kitzbühel sehen. Und an diesem Ort ist es richtig scheusslich. Was aber nichts ausmacht, denn in Null Komma Nix und mit dem einsetzenden Kochen des Nudelwassers beschlagen sich die Scheiben im Wohnwagen. So ist von dem trostlosen Parkplatz nichts mehr zu erkennen, und man könnte sich einbilden, irgendwo am rauschenden Meer zu sitzen. Da finden wir doch glatt noch ein Päckle italienische Nudelsuppe im Schrank; kroatische Kulen dazu, außerdem bosnischen Sir und kärntner „Sömmeun": das Fünf-Gänge-Menü ist fertig. Oder fehlt noch was?

„Ha, da ist noch ein Glas Meeresfrüchte-Salat", rufe ich beim Durchwühlen der Kochkiste.

„Kein Mensch braucht in Kitzbühel Meeresfrüchte-Salat!"

Wo Jörg Recht hat, hat er Recht, und es bleibt also beim Vier-Gänge-Menü. Vom Hahnenkamm sieht man reichlich wenig, um nicht zu sagen, überhaupt nichts, was nicht nur an den beschlagenen Fenstern liegt, sondern einfach auch an der ganzen anderen Suppe ringsum.

Noch viele Stunden gurken wir auf der Landstraße weiter, abwechselnd durch Grau und Grün, was ohne Zweifel seinen besonderen Reiz hat. Denn die Landschaft ist trotz ihrer touristischen Vermarktung und abgesehen von den Skilift-gezeichneten und Schneekanonen-gespickten Hängen einfach nur schön. Was muss hier aber im Winter los sein? Und was tut man diesen Bergen an? Ich mag's mir gar nicht ausmalen.

Wir haben's nicht eilig, denn an dieses Reisen sind wir längst gewöhnt. Kufstein, Bad Tölz, Kempten. Und dann steht endlich Lindau auf dem Wegweiser. Die Kinder jubeln, und ich muss zugeben, auch mir fährt nicht nur die bezaubernde Landschaft „meines" Allgäus in die Glieder, sondern das aufgeregte Gefühl, endlich wieder heim zu kommen. Die Spannung nimmt mit jedem Kilometer zu; beim Markdorf-Wegweiser nach dem Riedlepark-Tunnel in Friedrichshafen zählen die Kinder die Kilometer und die Minuten.

5. September 2015, Samstagabend 20.09 Uhr – wir sind nach fast fünf Wochen wieder daheim. In Markdorf in der Unteren Gallusstraße.

Morgen wird ausgeräumt, das läuft jetzt alles nicht weg, außer das Regenwasser, und das fließt von alleine ab. Mit einem „Edelstoff" stoßen wir auf unsere geglückte Heimkehr an (Meckatzer ist leider aus), schauen alle zusammen noch eine Weile fern (was wir gar nicht mehr gewohnt sind, aber zu keinem Zeitpunkt vermisst haben) und sinken irgendwann einfach nur glücklich und zufrieden ins Bett.

Komisch, so ein großes Bett …

„Im Wohnwagen war's irgendwie viel gemütlicher."

Ich glaube, ich hör nicht recht. Jörg, den ich erst zum Camper machen musste! Ich muss lachen:

„Los, komm! Das merkt keiner, bei den Nachbarn ist es schon dunkel."

Es regnet. Wir huschen über die Straße.

Eine allerletzte Nacht im Wohnwagen.

Frühstück am Safari Beach, Ulcinj, Montenegro

It's cool, man! Jörg auf dem Wasser, alle anderen warten auf mehr Wind

Platzangst darf man da nicht haben. Der mali plaza in Ulcinj

Wade gut – alles gut! Abschied von Afri Ibrahimi am Camping Safari Beach

Auf halbhoher See. Unser Wohnwagen auf der Fähre durch die Bucht von Kotor

Morgens um sieben ist die Welt noch in Ordnung. Um acht übrigens auch, usw.

Ein Dorf, wie im Bilderbuch: Perast in der Bucht von Kotor

Ein Bier, wie im Märchen. Oder liegt's am Fieber?

Lagerleben unten am Fluss am River Camp Half Island, Bosnien

Die Derwisch-Tekke in Blagaj ...

... an der Quelle der Buna

Buntes Bazar-Treiben in Mostars Stari Grad ...

... und seiner Stari Most ...

... an der Neretva, die die Stadt entzweit

„Ein Schotte macht noch keinen Sommer". Schon gar nicht im kärntner Frühherbst

Vorbereitungen zum Vier- bis Fünf-Gänge-Menü, Billa-Parkplatz, Kitzbühel

Wir sind dann mal wieder da ...

... zurück aus Albanien, einem Land, dem eine sonnige Zukunft zu wünschen ist

Faleminderit!

———— ✦ ————

Jetzt muss aber auch mal was zu meiner Familie gesagt werden: Als ich vergangenen November nach einer Dokumentation auf 3sat am Samstagabend das sonntägliche Frühstück folgendermaßen eröffnete: „Sollen wir vielleicht nächsten Sommer mit dem Wohnwagen über den Balkan nach Albanien fahren?", war die so einstimmige wie fassungslose Antwort: „Spinnst du jetzt komplett?!?" Vorsichtig habe ich immer wieder mal ein paar Bilder präsentiert, ein paar Geschichten einfließen lassen, Tierfotos gezeigt (denn Tiere ziehen immer! Bis(s) eben auf die Schlangen), mit der kroatischen Küste gelockt (die ja zwangsläufig auf dieser Reiseroute liegt), und schließlich mit dem extrem niederen Preisniveau meinen letzten Joker ausgespielt.

Damit hatte ich schon mal Ida auf meiner Seite. Die Kugel Eis für umgerechnet 25 Cent … da geht was! Bei Jörg war's dann der Wind, der ihn immerhin davon überzeugen konnte, Ulcinj ist für jeden Kite-Surfer ein Muss. Marlene blieb zunächst standhaft, ließ sich aber irgendwann mit Schnorcheln in Kroatien, Rafting auf der Tara und Wildpferden, Luchsen, Bären und Wölfen im Durmitor ködern. Albanien allerdings: No go!

Irgendwann merkte ich, dass es Jörg gar nicht mehr so sehr ums Surfen ging, sondern einfach um dieses Abenteuer. Umso mehr, als wir mit unserem Urlaubsziel an die Öffentlichkeit traten. Jetzt erst recht! Wenn uns alle für verrückt erklären, beweisen wir das Gegenteil – oder bestätigen das Vorurteil.

Den ganzen Winter über nahm unsere Planung in Anspruch, und Jörg gefiel die Idee scheinbar immer besser. Allein die Kinder blieben unsere großen Skeptiker. Ja, wir haben sie da einfach mit reingezogen, frei nach dem Motto: mitgehangen – mitgefangen.

Es war auf dieser Reise gewiss nicht immer leicht für die beiden, und was für uns schön und aufregend und abenteuerlich war, war für sie manchmal einfach nur fremd. Oft sogar zu fremd. Marlene hatte die größeren Probleme damit, zum Beispiel dann, wenn Menschen einfach auf sie zu kamen, sie an der Hand nahmen oder über ihre Haare strichen. Ida hingegen stand dem großen Unbekannten weitaus aufgeschlossener gegenüber. Wenn nur ein entsprechend großes Eis dabei raussprang.

Und Jörg, von dem bin ich mehr als überrascht. Schnell haben wir einen Reise-Rhythmus gefunden, der uns beiden außerordentlich zu gefallen schien. Und für die Kinder genau das richtige Verhältnis von Fahren und Angekommensein darstellte. Die Surfbretter und Kite-Schirme weit unten im Wohnwagen verstaut, hatten andere Ziele Priorität. Zugegeben, das Surfen in Ulcinj kam dann doch etwas zu kurz, was auf der einen Seite mangels Wind unter die Kategorie „Pech gehabt" fiel, auf der anderen Seite ganz klar aber meiner Menschenmassenphobie geschuldet ist. Da herrschte mal kurz dicke Luft bei absoluter Flaute.

Was mich betrifft, muss ich wohl nicht nur die absolute Einzelgängerin sein, sondern auch die schlimmste Beifahrerin, seit Nikolaus August Otto das Auto erfunden hat. Besserwisserisch, hysterisch, nervig. Und wenn man mich wirklich mal bräuchte, dann penne ich, um im entscheidenden Moment aufzuwachen und drauflos zu brüllen: „Liiiiinks!" Aber rechts wär's gewesen. Das muss man als Fahrer erst mal aushalten. Und selten nur war ich der Fahrer selbst. Jörg ließ mich in meinem Element, wenngleich ich ihn selten in seinem. Aber nur selten ist er ausgeflippt, wenn ich mal wieder den Bogen oder die Kurve überspannt habe. (Aber manchmal hatte ich einfach auch recht!)

Nichtsdestotrotz hat er's irgendwie mit mir ausgehalten, obwohl ich meistens die Bestimmerin war. Nein, das stimmt nicht ganz. Viele Ziele waren vor der nächsten Weiterfahrt unbestimmt. Was für uns beide eine ganz neue Art des Reisens war.

„Ich bin mal gespannt, wo wir heute Abend landen werden", waren immer wieder unsere Worte beim morgendlichen Aufbruch. Das hat uns gefallen, denn durch all die Bekanntschaften, die wir auf unserem Weg gemacht hatten, stellten wir fest: richtige Campingplätze gibt's wenige, aber campen lässt sich's überall! Bei Menschen, die einem weiter helfen, einen bewirten und einfach ihre Gastfreundschaft anbieten.

Ob wir so eine Reise so schnell wieder antreten würden? Der Wohnwagen ist geputzt, die Wäsche gewaschen. Ich für meinen Teil wäre bereit, morgen aufzubrechen. Aber nicht mit diesem Auto. Wir brauchen wohl dringend ein neues.

„Ach was, der schafft's noch ein weiteres mal", ist sich Jörg sicher. „Und nächstes Jahr durch Bosnien kommt der locker."

Dafür liebe ich ihn einfach! Nein, nicht den betagten Golf, das alte Dieselross. Aber den auch ein bisschen. Denn der hat die härteste Arbeit geleistet, und das ziemlich gut. Zwar ein wenig schwach auf der Brust, und manchmal mussten wir auch zurücksetzen und nochmals Anlauf nehmen, um den Berg zu schaffen, aber nie hat er uns im Stich gelassen.

Wir haben die Kilometer zwar nicht gezählt, aber schätzungsweise müssen es an die 4.000 gewesen sein, die er unser Haus gezogen und uns einmal quer über den wilden Balkan chauffiert hat. Ohne zu murren und zu zicken.

Ein besonderer Dank gilt natürlich unserem Wohnwagen, unserem fast 20-jährigen Hobby, der seit nunmehr sechs Jahren festes Familienmitglied ist. Ohne Delle, ohne Plattfuss, ohne eine einzige Macke (sieht man mal vom runtergekrachten Regal im Küchenschrank ab, was bei den „Straßen", die wir zum Teil gefahren sind, zu vernachlässigen ist), hat er uns wieder nach Hause begleitet, dabei uns stets ein Dach über dem Kopf geboten und ist uns immer Heimat gewesen.

Jeder Nicht-Camper könnte jetzt sagen: das ist doch nur ein Wohnwagen. Und jeder Camper wird kontern: aber irgendwie halt auch nur ein Mensch mit seinen Schwächen und Macken. Vor allem aber mit seinen Liebenswürdigkeiten: den schrulligen Polstern aus den 90er Jahren, den Gardinchen, die an albanische Brautkleider erinnern und den unzähligen Eigenausbauten und Jörgs Ver(schlimm)besserungsmaßnahmen, was Haken, Steckdosen und Stauraum anbelangt. Bei einem Handy würde man sagen, es ist personalisiert. Aber was ist schon ein Handy im Vergleich zu einem Wohnwagen?

Nicht zuletzt danke ich allen, die auf unserer Reise nach Albanien an uns geglaubt haben, uns bestätigten und sich immer wieder mal zu Wort meldeten. Auch allen Zweiflern und Skeptikern, die es gerade dadurch geschafft haben, uns in dieses Wagnis zu stürzen. Denn wer nichts wagt, der nichts gewinnt.

Faleminderit!